新　沟　通

企 业 文 化 传 播 观 念

荆玉成　伊廷瑞　张　阳　著

中国城市出版社

目　录

序言一

只是单单地去审视

文化是人类群落的价值共识与行为迭代，在理性与非理性的此消彼长中不规则地向阳而生。论及现代企业管理，文化和品牌一样，都是必不可少的关键支撑，互相成就，共筑伟业。

孕育了源远流长文明版图的中华大地，繁茂出了底蕴深厚的文化之林。缘此，我们可以说中国是文化大国，但同样程度的评价，却不敢置于中国企业。几代人投身，几十年创业，中国企业尤其是国有企业，承载着使命与担当，是中国速度的动力总成，创造了举世瞩目的成就，却仍是少年。是时候了，站在文化的上位视角，将散落在伟大实践中的智慧凝练起来，向那近在眼前的未来夜空送出一颗流星。

伯特兰·罗素(Bertrand Russel)在1959年寄语未来人类时说："关于智慧,不管你是在研究什么事物,还是在思考任何观点,请只问你自己'事实是什么'以及'这些事实所证实的真理是什么'。永远不要让自己被自己所更愿意相信的,或者你认为人们相信了之后会对社会更加有益的东西所影响。只是单单地去审视,什么才是事实。"

作为《数字社会企业文化三部曲》之一,我对本书作者能够将传播作为一个主干视角来进行企业文化研究感到由衷赞叹。当前,身处数字浪潮的中国企业家,如果对信息工具和舆论环境不能做到兼而有之、兼听则明、兼容并蓄,既难以让企业管理进入双效提升的硬通道,更无法切实做好时代答卷的赶考人。同时,在眼花缭乱的互联网生态中做文化,搞研究,也很容易陷入迷茫与孤独,既要如孩童般学会玩儿的心态,又要如老者般不时捻须释然。实践是检验真理的唯一标准,源于实践的文化研究,其价值经得起时间雕刻。

直面问题的研究,需要真诚的勇气,更需要客观的智慧。兼具学界的严谨慎思与业界的激情澎湃,作者的这份冷静与坚持,贯穿了《新沟通　企业文化传播观念》字里行间。俯首展卷之际,我游弋在颇具人文气息和节奏感的表达之中,似是与作者在进行一场穿越了30年文化苦旅的对话,又像是在欣赏一段小剧场演出,目睹一个眼神中充盈着对真理渴望的少年,阐述关于人类未来的多种可能。这其中,有缅怀和希冀,有笃定和焦虑,有欣慰和忧伤,更有许多颇具借鉴意义的现实感悟,以及将企业管理和人生阅历深度融合的开明睿智。

很荣幸,我在工作中结识荆玉成先生,已有10年,交谈有之,搭手有之,大部分时间都还是作为后辈和观众在学习与欣赏,直至此刻依然如是。愿做一名潜心读者,在文末借用书中我很喜欢的一句话"真诚不言,真的自信"与诸君共勉。

史晓斐

中国能源行业资深媒体人

序言二

岂止是观念

收到玉成兄的书稿时，恰好是俄乌冲突爆发的第21天，我国香港新增新冠肺炎确诊人数暴增的第20天；而收到书稿后的第5天，东航MU5735航班发生空难，打破了中国民航持续12年的安全飞行记录。世界永远如此，时刻发生着意想不到的变化。而这些变化，会对生存在地球上的组织和个人产生或隐或现、或细微或深刻的影响，关键在于我们能否敏锐感知并积极作出相应的改变，甚至超越自身的局限，以一种俯瞰现实的未来视角和引领者的姿态，迅速把握改变的主动权。

也正因如此，我一直坚持认为，中国企业界，有两类人最该获得英雄桂冠：一是不满足于创造高质量产品、不断寻求技术突破的人；二是不满足于成功管理实践、不断寻求理论突破的人。尤其是后者,在数字化时代对传统管理理论形成革命性挑战、浸润着中国传统文化的中国经济全球崛起的背景之下,与时代同频共振、富有中国特色的管理理论研究具有十分重大的意义。玉成兄和他的团队,干的正是这样一件事。

读《新沟通 企业文化传播观念》这本书,两个概念对我触动很深——价值传播和价值传播的价值。什么是价值传播?其实就是企业文化的传播,重点当然是一个企业向包括员工、客户在内的所有利益相关方传导自身奉行的价值理念和价值标准。书中提到"在企业组织里,价值传播的最终目的是让传播产生价值,让价值生出价值"。具体而言,就是通过价值传播引发各个利益相关方的思想共鸣、价值认同,包括"发挥粘合、修正、引导作用,实现员工自我价值、企业价值和社会价值的最大契合",从而为促进一致行动和实现组织愿景奠定基础。

什么是价值传播的价值?本书前言说,"每个时代有每个时代的认知模式、传播规则和接受方式",因此,"当数字社会改变了社会结构和文化土壤时，一些旧的东西土崩瓦解，新的观念、思维、逻辑、价值、视角浮出水面，亟待给出一个视角和维度，一种思考和价值"，这直接点明了本书写作的动机和最终落脚点——探索回答数字社会企业价值传播的价值。

书中提到"文化或价值的传播，因数字社会的到来，媒介从物质层面出现异化，产生新的物种"。对此，玉成兄认为，"企业价值传播只有回归到真诚、常识、平视、倾听、图像、声音、流量、模块化、企业媒体、品牌、全员载体等这些最本真、最原初的状貌，将其回归到一种视角、一种态度、一种价值，作为规则和定理，才能让这些看似庸常的方法和常识，绽放出真理的光芒。"于是，他按照价值维度，确立了企业价值传播11个价值理念，逐一条分缕析地深入阐述挖掘每个价值的背后逻辑。这11个价值理念各自独立成篇，相互之间又有着很强的内在关联，总体构成一个比较完整的体系，其中："真诚"和"常识"是价值传播的基石；"平视"和"倾听"是价值传播的法则；"图像""声音"和"品牌"是价值传播的利器；"模块化"是价值传播的生产方式；"企业媒体""全员载体"是价值传播的平台;"流量"是价值传播成效的衡量标尺。

此外,还有一个关键词不可忽视——理性,这是价值传播的根本前提。玉成兄认为,在数字化时代,企业文化的内涵和外延都发生了根本性变化,"文化即生活,文化即管理,文化即战略,企业文化将企业一切观念行为,包括价值、理念、制度,包括战略、管理、行为等都涵盖其中",企业管理已经发展到思想治理时代,因而理性比历史上任何时期都重要。他强调:"企业价值传播需要赋予自己理性,给价值传播以理念、价值和定力,让员工参与企业文化传播过程中,有企业自己的价值坚守,而不是模棱两可或随波逐流。"那么,价值传播的理性究竟是什么呢?他给出的答案是:"价值传播的内功,在于尊重传播规律,尊重社会肌理,尊重企业生态,掌握合适的方法与技巧,找到传递真理、释放真情的最佳方式。在于重视策划这个环节,在吃透价值内涵的基础上,去感受员工的主观体验,在沟通方式与表达习惯上跟上员工。"当然,如果我们再仔细研读前言"为什么是理性",或许会更加坚定我的这一判断。

尤其让我兴奋的是，玉成兄把价值传播以及价值传播的价值作为一个事物的两面进行深入系统的阐述之后，将其作为数字社会企业文化"第二次生产"的最主要环节和生产方式。因此，他把价值传播的价值提升到数字社会企业文化理论体系中来，作为一个有机组成部分。这是企业文化理论的一个重大突破，毫不夸张地说，这一做法一定程度上打破并重构了企业文化理论体系。

什么是好书？在我看来，真正的好书能够为你提供一条思维主线、多个视角和N个观点，引人思考、予人启示。无疑，《数字社会企业文化三部曲》就是我心目中的好书。

理论先是净化世界，进而才是解释世界。旁征博引、深邃明哲、契合现实、启迪未来，这是我读完书稿后的四点印象。《数字社会企业文化三部曲》无论是每本书的结构、每个章节的标题、每个观点的论述、每一段文字，都带有典型的"荆玉成式"风格。首先是书的整体结构，简单明了、一望到边，思维导图瞬间失去作用；其次是章节的标题，同样简洁，却给了读者更多玩味的空间；再次是观点的论述，一番历史的、哲学的、艺术的思辨之后，已经完成了对读者大脑的清场工作，也激活了你的脑回路，这个时候再落点在如何做上，就变得顺理成章、水到渠成了；最后是语言的风格，诗意的、哲理的文字在三部曲中俯拾皆是，作者在历史人文、当今社会生态与世俗百态之间，在东西方哲学思想、经典管理理论与实践经验之间自由切换，其涉猎广博与文字功底无不令人叹为观止。

玉成兄在前言里写得特别好：回归理性成为理性的必然。而理性背后的力量或许是感性，是爱。爱是人类美好而纯粹的情感，是人类最原始最本真的生命力，也是理性得以成为可能的一个前提和基础，"哲学是从爱欲到理性的转化"。一个人对世界、对生命本身有多么深沉的爱恋、激情和冲动，就会对世界、对生命本身有多么深刻的思考和洞见。

从2016年的《原力觉醒》到2022年的《数字社会企业文化三部曲》，相隔6年时间。玉成兄为什么会如此不辞辛苦地执着于企业文化理论研究？每个周末"密涅瓦的猫头鹰"的激情与动力究竟从何而来？

纵观他30多年的职业生涯,所从事的教育、交通、能源和国有资产管理等领域无不与国家战略领域紧密相连,这一切必然造就了他高度的使命感与责任感。不仅如此,玉成兄还是一位半路出家、卓有成就的抽象艺术家,欣赏他的绘画作品,浓墨重彩中有细节、恣意挥洒中见深邃,同样洋溢着俯仰天地的大爱情怀和人文气息。相信读者朋友都能在书中获得同样真切的感受。

因此,这本书岂止如副标题所称的"观念"那么简单,从中我看到的是诗人般的时代情怀,勇士般的创新实践,英雄般的理论探索。除了奋而起之、起而行之,与之为伍、共赴未来,我不知道自己还能做些什么。

孙健耀

著名企业文化专家

新优势企业文化服务机构创始人

企业文化优享会发起人

前言一

为什么是理性

2020年以来的一段时光是如此特殊，给每个人留下深深刻痕。可能，也改变了我们的生命轨迹。

人们直面疫情之下的生活，生与死不时在上演。规则、常识、道德、底线、边界，被无知、利益打破或抛弃。

费孝通说，科学在近现代迅猛发展，而人性两千年却没有大的变化。30年前听到这番话吃惊不小，今天许倬云讲了同样的话。海德格尔讲，现代性一个基本现象是神性的消亡，宗教这座金碧辉煌的价值大厦正在崩塌，人类只能依靠历史的积累，依靠文明的进步，依靠理性。李泽厚称"历史有积累性"，包括科技工具、知识常识，还包括人们内心的日益复杂、丰富和多样。

所以在我看来，常识、理性在数字社会的今天，比历史上任何时期都重要。李泽厚说，"最普遍的常识其实常常是最重要的。所以我寸步不让。越骂我，我就讲得越多。"

网络、数据、算法，本身只是手段或工具，只负责"计算"，不负责善与恶、真与假、美与丑的"判断"，它们仅给出1或0的"计算"。价值判断、道德判断，它们先天无能为力。搜索引擎得到的答案，会让你半信半疑，甚至永远让你怀疑。许倬云说，"信息只是材料、素材，经过自己的加工，变成你对事物的判断和支撑才叫知识，再进一步梳理、沉淀、检验才叫常识。"我们在企业文化实践中体会到，平视、倾听、真诚、关爱、载体、模块、图像、流量，传统、时代、价值观、生活等，这一切是常识。文化即生活，也是常识；企业文化是从企业家胸膛里长出来的，也是常识；时代、民族传统和企业家作为企业文化的三大基石，同样是常识。李泽厚说，"西方是两个世界，要到天国去。中国就是停留在这个世界，要重视这个世界的感情。""中国人看重历史，因为生活就是悲欢离合啊，历史就是日常生活啊，这个世界的日常生活就是根本。"从这个角度再看"文化即生活"，企业文化的概念就发生了重大变化，这不同样是常识吗？只是在理性上，我们越来越缺少判断，缺少思考，跟随历史惯性和社会潮流人云亦云。在数字社会里，数字技术得到极大发展，大数据的产生，AI的出现，人的理性却退化了，不思考、不想思考、不愿思考成为现象。

人类今天为何会变得如此不愿思考呢？当然，这个结论还不能轻易定义或给出，即使我们放眼看今天世界的某些无序、混乱和不确定性。海德格尔概述现代性5个现象，其中之一是技术，现代技术是最基本的现代现象。"理论家"们一致的看法和结论是，现代技术是人类社会发展到今天的"毒药"，也是"解药"——解铃还须系铃人。李泽厚说："科技生产力产生了理性，使人的心理不同于动物。人的理性不是天赐的，不是生来就有的，而是使用工具产生了理性。"李泽厚强调的是工具理性，而现代科技爆炸性发展，又让人们在理性上失范和失度。今天的数字社会，海量信息有真有假，真假难辨，很大程度上"增加了世界的熵"，成为这个世界的噪声量。这种信息过量的肯定性，已经上升为一种社会现象，社会变否定为肯定，成为一个肯定社会。肯定社会让神经系统持久、过度地紧张、疲劳，抑郁症、倦怠综合征和注意力缺陷、多动症等现代疾病随之出现。每天的时间被信息切碎，一点一点地占用，你没有精力去读书，很难有空闲让自己安安静静地去思考，我们疲于奔命，只有招架之功。人们被海量信息裹挟着，如一叶扁舟在数字的大江大海里漂流，我们能做的是在大风大浪中确保安全地顺流而下，顺便享受信息、大数据、互联网、人工智能、区块链带来的方便、刺激和快感。思考、判断是被动的、一时的、少数人的；人云亦云、寻求认同是主动的、常态的、多数人的。今天的数字社会，完全是一种经历社会，不同于经验，往往是一次性的，经历过了就过去了，不具备通往他者的入口。信息并不一定能给我们带来新的认知和真理，信息并不全是知识，它无法让我们作出准确的判断，因为只有知识和常识才具有判断、识别的功能。韩炳哲说，"肯定性的信息不能改变和预告任何事情，因而是无果的。"

所以现今判断、思考、凝思就变得尤为珍贵。这个过程就是运用知识、经验、理论、智慧，以不同的眼光对这个世界进行判定，努力去唤醒理性。韩炳哲说，"信息和数据的铺天盖地，使得今天比任何一个时代都更需要理论。理论能够防止不同的事物被混为一谈而无序滋长，因而可以有效地减少熵。理论先是净化世界，进而才是解释世界。人们必须回到理论、仪式和礼俗的开端。它们为这个世界以及万物的运转规定了形式，提供了框架，使它们具备了边界。"思考产生的理论，可以帮助我们进入无人之境，在一派喧嚣迷乱中开辟出一条通道。企业管理已从经验管理、科学管理、人本管理、文化管理发展到今天的思想治理，企业文化不仅是三大体系或四大体系，文化即生活，文化即管理，文化即战略，企业文化将企业一切观念行为，包括价值、理念、制度，包括战略、管理、行为等都涵盖其中。在数字化时代，企业文化的内涵和外延都发生了根本性变化。康德说，理性是人类的特征。李泽厚讲，"哲学只是制造概念，提出视角以省察一切。"我们只想通过企业文化的一个小小理性天窗，提供一个看待和思考企业管理的工具。

数字社会让我们迷茫和困惑的原因恰恰在这里，让人们无法、无暇去思考。我们的感官、欲望和内心，包括日常工作，早已被这个数字社会所遮蔽，我们在不知不觉中把时间毫无方向感地散射掉，分散成点状的"当下"，时间变成加法，清空了所有叙事性。韩炳哲说，"只有加法的、非叙事的过程才能加速。"数字社会是透明社会、加速社会，而仪式和典礼是叙事性的过程，它回避了加速。只有通过叙事性做减法，让我们彻底安静下来，停靠在时间长河的岸边，才有机会思考，在安静中做一次有趣的美妙探险。信息过量引发肯定性过量，导致立场站队，形成群体。一个人一旦进入群体便容易失去独立精神，失去独立的思考和判断能力。互联网和新媒体更加剧了"他者的消失"。今天，任何一个人，任何一个观点，都可以在线上找到拥趸。经过算法工具，让每个人更加沉浸于自己感兴趣的领域中，看自己愿意看的内容、相信自己愿意相信的内容，进入信息"茧房"。一个客观现象是，随着年龄增长和阅历提升，一些人不但没有变得更开放，恰恰相反，变得更固执，更容易困在自己的世界里。

肯定性还触发了"理论之殇"。知识的获取越来越碎片化。人们普遍感到系统性学习非常重要，但往往停留在嘴上，或者东一本书、西一本书地看，看完就丢到一边，没有入脑入心，没有反思和沉淀，更没有形成为我所用的理论。当今的理论危机和思考浅薄，与文学艺术的危机如出一辙，人们为了获得肯定性，不断消除否定性，这种过度的肯定性将社会变成肯定社会、加速社会。按照黑格尔的说法，否定性存在于思考之中，否定性是思考的根本。而今天，我们无法在自己的领地做一次完整的叙事，一次美好的旅程。理论的储备不足和后继乏力，使我们在思考时常有力不从心之感，难以获得理性的支撑，难以形成高质量的判断。我们日常看到的一个普遍现象是，日复一日、月复一月、年复一年在一个水平上重复工作，这便是理性缺失的一个典型现象。

还有一个可怕的现象是，数字社会似乎无需你去思考。只要你拥有了海量数据，数据自然会说话，理论模型变得多余。思考是一个不确定、不稳定的状态，意味着需要耗费更多的资源和时间。人性天生喜欢安逸，只要一段信息看起来合理，不需要消耗额外的精力去辨识，就很容易被大脑接受。于是，大数据取代了思考，人们依赖于结果，不看模型，不看过程，不看推理。大数据正在成为权威，取代因果关系、逻辑和理论，大数据等于逻辑和结论。克里斯·安德森在《理论的终结》中写道："像谷歌这样，在巨大规模数据的时代里成长起来的企业，如今不必再去选择错误的模型。它们实际上根本不必去选择任何一种模型。"克里斯·安德森的基本观点是，理论的价值正在弱化和萎缩。在数字社会看来，一旦有了足够的数据，人的理性思考就变得无足轻重。这无疑给人类非理性思考找到一个天然的借口，"为什么"让位于"就是这样"。

回归理性成为理性的必然。而理性背后的力量或许是感性，是爱。爱是人类美好而纯粹的情感，是人类最原始最本真的生命力，也是理性得以成为可能的一个前提和基础，"哲学是从爱欲到理性的转化"。一个人对世界、对生命本身有多么深沉的爱恋、激情和冲动，就会对世界、对生命本身有多么深刻的思考和洞见。唯有如此，我们才能找到生命的真谛、幸福和愉悦。俄裔美籍小说家、剧作家和哲学家安·兰德借用小说《阿特拉斯耸耸肩》里高尔特之口道出自己的信念："只有理性的人才有可能获得幸福，因为他只想实现理想目标，只追求理性价值，只有在理性行为中才能找到乐趣。"

这几年时间，我们在一个个已知与未知领域，打了一眼又一眼竖井，那里漆黑寂静。每个周日的"沙龙"，我们激烈辨析、考证、甄别，讲述每个人探险的故事，晒五光十色探险的成果。那一晚，过得那么快、那么幸福。那一晚，我们也许都有梦。海德格尔说，"每当我的思想迈出关键的一步，每当它朝着未经开发的领域探进一步，神那扇动着的翅膀就会触碰到我。"

前言二

一组匿名的历史规则

一

文化或价值的传播，因数字社会的到来，媒介从物质层面出现异化，产生新的物种。广播、电视、报刊、剧场、电影院、礼堂等传统媒介，正在向数字媒体、融媒体大步迈进，还有一批新物种被人们忽视，今天终于浮出水面。这些地球上再广博不过但又长期被人类忽视的，如空气、阳光和水一样，到了数字社会的今天，才认识到它们如此平常却又如此重要，它们的价值从未像今天这样金贵，以至每个人都不可或缺，甚至每时每刻。真诚、常识、平视、倾听、图像、声音、流量等，谁能缺少呢？

彼时,优酷正在直播"双11"晚会。十年前谁能想到,11月11日成为一个数亿人过的节日,正在奋起直追有着上千年历史的春节,成为一个狂欢节日;此时,凤凰卫视传言的重组、重构早已尘埃落定。这是否意味着,一个时代的结束,另一个时代的开启。

二

我们要说的既包括人人都知道的常识,因为常识看似每个人都懂,但在信息的狂轰滥炸和无尽的包裹中,常识被掩埋、遮蔽和忘却,常识变成稀缺的真理。当数字社会很大程度上改变了社会结构和文化土壤时,一些旧的东西土崩瓦解,新的观念、思维、逻辑、价值、视角浮出水面,需要给出一个视角和维度,一种思考和价值。

马克·罗斯科说,"我从不认为绘画是一种自我表达,绘画是自我和他人进行的一场关于世界的交流。"一个画家看自己的画,乍一看是画家自己的表达,但仔细想想又不是,本质是画家和他者的交流,是我们对这个世界的看法,但必须有一个对手。换言之,必须有矛盾的对立面，具体讲就是内心情感的冲突、对立、否定、痛苦，于是有了交流的原初动力，电机开始发动。交流的内容是否成立、是否准确固然重要，但更重要的是交流，交流我们对世界、事物的看法。由此，马克·罗斯科说，"这种交流改变了我们观看事物的方式。"

三

现实中可怕的是，人们越来越以自我为中心，高高在上，常常不自觉地拿腔拿调，用一种文艺腔说话。当我们用同一种表情、面孔、口吻、速度、色彩、词汇、题目、情感去发言、讲话、发声，就进入了同质化的地狱。韩炳哲说，"在那个同质化的地狱中，人类无异于被遥控的玩偶。"数字社会的无差别性消除了切近和疏远的所有表现形式，一切都是同等的近和同等的远，此间只允许相同的他者或其他的同者存在。今天他者的否定性让位于同者的肯定性。"他者的时代已经逝去。那神秘的、诱惑的、爱欲的(Eros)、渴望的、地狱般的、痛苦的他者就此消失。"[①]所以，今天迫切的是找到他者，第一时间找回

① 韩炳哲.他者的消失[M].北京:中信出版集团, 2019: 1.

自己，找回属于自己的存在和本真。企业价值传播回归
到真诚、常识、平视、倾听、图像、声音、流量、模块化、
企业媒体、品牌、全员载体等这些本真、原初的状貌，
将其回归到一种视角、一种态度、一种价值，作为规则
和定理，让这些看似庸常的方法和常识，绽放真理的
光芒。

每个时代有每个时代的认知模式、传播规则和接受方
式。其中，话语构成过程决定一个时代的话语模式，包
括人的认知、理解、接受方式。福柯认为，话语构成过
程受制于"一组匿名的历史规则"，它决定着语言、观
念如何相互交换等活动，潜在的规范要求话语如何去
实践。

四

数字社会构成了展示社会和展示文化。展示替代了交
流，以展示代替一切，每个人将展示一再放大。但人只
有交流才能变厚、变丰富，一个企业也是如此。长久展
示而无交流、思考、沉淀，展示将苍白无力。

五

凯恩斯1928年言有所衷地强调，"我们的观念、习俗以及倾向无法跟上物质变化的步伐"（我觉得每一个时代都是如此）。资本主义所面临的诸多问题源自"非物质的精神机制的失败"，"除了需要头脑清楚一点，其他什么也不需要"。也就是说，在时代特征已经发生明显变化之际，观念变革、知识范式革新就已提到议事日程。

哈耶克说："长远而言，是观念，因而也正是传播新观念的人，主宰着历史发展的进程。"

六

当一个人快60岁了，还不会说话，那他（她）一生也许就永远学不会说话。当一个人40岁了，还听不"懂"别人讲话，那他（她）一生也就无法听"懂"别人讲话。另一种情形是，他（她）说话永远是机关枪式的，打着一梭子一梭子的子弹，不管有没有"敌人"，或者"敌人"是否强大。这也许是个问题。这里的一个细枝末节，是他(她)打出去的是冷冰冰的子弹，而生活中是需要"糖衣炮弹"的，明明是枪弹，中弹者还乐此不疲。春天、秋天永远有更多人喜欢，远远超过炎热的夏天和寒冷的冬天，尽管我没有做过统计，冬夏两季也会有许多人喜欢，个别人甚至情有独钟。

可见，我们如何与这个时代说话，似乎是个大事情，关乎春夏秋冬，关乎一年四季。

全 品 企 模 流 声 图 倾 平 常 真

员　　业

　　　　块

载　　媒

体 牌 体 化 量 音 像 听 视 识 诚

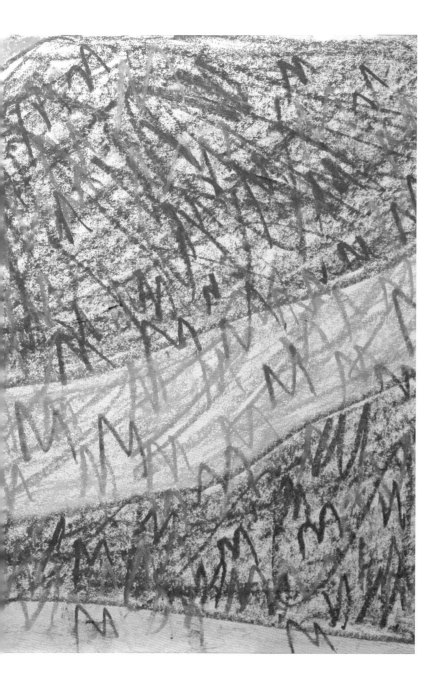

真　诚

数字社会①的今天，为什么要重新讨论真诚？当我们检视远去的时代，蓦然发现发生了翻天覆地的变化，冲击着人类天性。在企业组织里，价值传播的目的是让传播产生价值，让价值生出价值。真诚作为价值传播的纽带、基石，伴随时代的巨大变迁，内涵和外延都发生了质变。时代赋予真诚新的使命。

真诚脱离社会肌理，更像是造物主对一切动物的赋予，成为人类与生俱来的天性。刚出生的孩子，没有任何一丝一毫的掩饰，饿了就哭，乐了就笑，真诚直白地表达自己的情感。在《人和动物感情表达》②中，达尔文③说，所有人都以同样的方式来表达一定的基本感情。理查德·A·卡

① 本书所指数字社会，是指随着互联网、移动互联网、物联网及5G和云计算、大数据、区块链等数字技术的综合运用，现实世界里的人、物、事之间的交互关系重新构建，呈现以数字化为本质特征的社会形态。

② 达尔文.人和动物的感情表达——达尔文进化论全集 第七卷[M].北京: 科学出版社, 1996.

③ 查尔斯·罗伯特·达尔文(Charles Robert Darwin,1809—1882)，英国生物学家，创立生物进化论，代表作品有《物种起源》《动植物在家养下的变异》等。

斯乔[①]的结论是："即使不懂一个人的语言，你也能够仅仅根据观察这个人的脸来了解他是一个开心果，还是一个让人讨厌的人。"心理学家保罗·艾克曼[②]认为，"脸是展示人们情绪最重要的部位。它和声音一起告诉听众，发言者对他所说的内容持什么样的情感。"他曾到巴布亚新几内亚研究当地一个与世隔绝的群体，发现那些人和我们一样，也是在幸福的时候笑，在生气的时候皱眉。

《论语》说，"人而无信，不知其可也。"[③]真诚两千多年来，被东方确立为为人处世的范式。尤其对个人的修养和人格养成，"诚"位于核心位置。作为一个生命个体，总是内有诚而外有信，由此构建诚信、品格、品质。《礼记》的"中庸"篇说："诚者，天之道也；诚之者，人之道也。"朱熹认为这个"诚"是"理"，而且是"实理"，是独立自主的价值观念。所以他强调，"诚是天理之实然，更无纤

① 理查德·A·卡斯乔，美国休斯敦大学的心理学教授，著有《妙趣横生的心理学》。

② 保罗·艾克曼（Paul Ekman，1934—），美国心理学家，主要研究脸部表情辨识、情绪与人际欺骗，1991年获美国心理学会颁发的杰出科学奖，主要著作有《情绪的解析》《说谎：揭穿商业、政治与婚姻中的骗局》等。

③ 语出《论语·为政》，意为一个人如果不讲信用，真不知道他还能干什么。守信任为《论语》多次提到，正如康德将"不说谎"作为普遍道德律一样。

毫作为"，天然长成的，不能有"纤毫"人为的外在，一再强调"诚"的浑然天成，不假"纤毫"人力。中国嘉德秉持的价值原则为：对买家诚信，对卖家诚信，坚持不买不卖，只做中间人。30年过去，嘉德已成为中国拍卖行的领头羊，享誉海内外。

罗素[①]说，一个人的脸就是一个人价值的外观，他不仅藏着你的生活还藏着你正在追求的人生。而面孔本身是藏不住内心的，真诚是装不出来的。实际上，何止是面孔会出卖情绪，斯蒂芬·P·罗宾逊在《组织行为学》中提出了"身体动作、说话的语调或用词的重音、面部表情以及发送者和接受者之间的身体距离"等，这些"非言语沟通"都包含着信息，他明显倾向于"没有一种动作，是随便表现出来的"。只不过，在长大成人的过程中，因受到趋利避害天性的驱动，社会文化的训练，人们学会了伪装、掩饰和表演。只要这些变化始终被其自身掌握在一个合适的度里，自然不会抹灭人性中真诚的本质。理查

① 伯特兰·阿瑟·威廉·罗素(Bertrand Arthur William Russell, 1872—1970)，英国哲学家、数学家、逻辑学家、历史学家、文学家，分析哲学的主要创始人，主要作品有《西方哲学史》《哲学问题》《心的分析》《物的分析》等。

德·A·卡斯乔说，"我们所有人与生俱来具有表达情感的能力，天生就有表达情感的特定的方式。但是在什么时间、在哪儿以及如何表达不同的情感主要依赖学习。"这种先天遗传和后天学习的结合，便造成了情商这种基于人们对情感的觉察、想象和理解而作决定的能力。心理学研究表明，良好的人际关系是人们最重要的幸福感来源，反之，人的很多痛苦源于人际关系里出现的问题。连接关系的是沟通。现实生活中，很多人为了解决痛苦，去读各种关于沟通的书，或去听五花八门的情商课，情况似乎并没有多大改变。根源是人们伪装、掩饰和表演，没有以真诚为本，常常被一颦一笑、一举手一投足出卖。最高的智慧，是有礼有节但无拘无束，回归真诚的天性并学会释放真诚的魅力。后天的训练，不是把真诚当成标签，而是使其成为生活的准则，让人们拥有真诚的乐趣。

稻盛和夫① 在《活法》中讲到一个故事：当新产品研发成功，他高兴得跳了起来，助手批评说，"你怎么这么轻浮，

① 稻盛和夫(1932—)，世界著名实业家，27岁创办京都陶瓷株式会社，52岁创办第二电信，这两家公司又都在他有生之年进入世界500强，代表作有《活法》等。

这点小事，就像个孩子一样手舞足蹈？"稻盛和夫告诉助手，"你说的或许有道理，但研究出了成果，哪怕微不足道，也应该把喜悦表达出来，这可以成为一种动力，激励我们继续努力。"对此，王阳明[①]提出"诚是心之本体"，通过"诚之者"或者"思诚"，来向往去"立诚"，最终实现"走心"诚意。《大学》将其作为个人修身齐家治国的一个核心环节，朱子称之为"八目"：格物、致知、正心、诚意、修身、齐家、治国、平天下。《大学》在反复推演"格、致、正、诚、修、齐、治、平"的道理后，紧接着"自天子以至于庶人，壹是皆以修身为本"。彻底将"立诚""诚意"纳入道德修养的大体系，真诚作为一个地地道道的道德概念，而在中国文化中长久地生存。

① 王阳明(1472—1529)，明代著名思想家、文学家、哲学家和军事家，陆王心学之集大成者，精通儒家、道家、佛家，著作有《大学问》《王阳明全集》《传习录》。

　　走出传统和历史，审视数字时代真诚的意义，是数字社会的命题。企业日常生活中，价值传播主要是宣贯、传达、告知，单一的信息源形成传播优势，弱化了传播者在传播中的价值和地位，也忽视了员工的感受。不够真诚，缺少温度，成为大多数企业价值传播的病症。作为信息传播的源头，传播者内心是否怀揣温度和情感，是否以自己的知识、常识和价值去认真、仔细地甄别、判断，带着满心的真诚，去告诉员工和读者：不妨扪心自问。

仿佛一夜之间，数字媒体铺天盖地而来，从信息的生产、传播到受众，都发生了质的变化。人们在筛选信息过程中，无视、烦躁、排斥、拒绝，对信息的珍惜几乎荡然无存。以往贺岁档，只能看一台晚会、几部电影，如今卫视频道和影院花样繁多的选项，竞演、直播、知识春晚等各种内容与形式兴起于跨年夜、"红包雨"和数字媒体平台之间。一厢情愿、不着边际和不冷不热的沟通，已没有了市场。价值传播唯有真诚才能感染员工，抓住员工的心。真诚摇身一变成为价值传播的支点。

生活水平和社交环境得到极大提高和改善，人与人之间距离越来越远，真诚越来越稀缺。韩炳哲[①]说，"隔着屏幕，

① 韩炳哲，1959年生于韩国首尔，韩裔德国哲学家，现任教于德国柏林艺术大学，是新生代哲学家的代表人物，著作有《倦怠社会》《透明社会》《爱欲之死》《在群中——数字媒体时代的大众心理学》等。

永远是冰冷冷"。一个企业的员工家属区，大院里鸡犬相闻的时代一去不复返。人际关系的疏离，凸现了真诚的价值。卢梭"生产力越进步，人类越悲惨"的预言在数字社会里变成现实，核心是心理距离的拉大，人与人变成了"陌生人"。

今天"春晚"的满意度①，已无法回到二十世纪八九十年代的高度，不是创作者水平下降了，也不是不如前辈走心，而是大众见识多了，口味变"刁"了，越来越难"伺候"。傅拉瑟认为，媒体的飓风迫使我们重新回到游牧生活。今天，就连农民也表现得如同猎人一般。耐心、舍弃、沉着、胆怯或者温和，这些海德格尔眼中的农民特点，都不属于猎人的习性。信息猎手毫无耐心，无所畏惧。他们不会"等待"，只会潜伏；他们不会等到瓜熟蒂落，而只懂得手疾眼快。对于他们来说，重要的是每一次点击都有猎物收获，一切阻碍他们视线的东西很快被清除。由于受教育程度普遍提高，成长在物质极大丰富的时代，人们越来越懂得审美，而

① 央视总台春晚综合收视率呈逐年下降趋势，20世纪90年代普遍在50%左右，最高的1998年达到61.82%，2022年为21.713%。

难以满足，难于调动，难以控制。

　　罗兰巴特将私人领域定义为"某种时间或空间，在其中我不是影像，也不是对象"。数字媒体时代，大众已不再拥有私人领地，已经找不到没有影像、没有照相机和摄像头的空间或时刻。无论在现实生活和网络上，每个人都不自觉地留下了大量的个人信息，包括交通、教育、社交、职业、银行，以及各类个人消费信息，也就是说，我们生活的全部都被一一记录下来，成为系统中的数据。近年来人们对个人的信息和隐私的安全感一直在下降，隐私焦虑成为一种社会现象，社会由此彻底成为透明社会。当社会每个个体失去了隐私，丢失了隐私权，作为由个体组成的企业同样也不能幸免。企业组织也只能面对透明社会、肯定社会、加速社会的困扰。这意味着，从物理上看，企业昭然若揭、清晰可见；从比喻意义上看，意味着企业道德上的坦诚、不隐瞒，意味对一切事物的实事求是。透明是一种系统性的强制行为，它席卷所有社会进程，将他者和陌生者排除在外。韩炳哲说，"透明破坏信任而不是创造信任。恰恰于信任不在时，人们对透明的呼求声才愈发响亮。在以信任为基础的社会中，人们是不会执意要求透明的。透明社会是一个不信任的、怀疑的社会，由于信任日渐缺失，社会便开始依赖监控。透明所追求的不是心灵的道德净化，而是利益和关注度的最大化。"数字社会、透明社会这一大的历史背景，驱动真诚从过去的内在的自我的柔性的道德价值，开始游走到今天的外在的社会的刚性的生活准则。真诚由道德秩序上升为生活秩序，由道德价值成长为生活价值，在社会生活中主动由后台走到前台，成为社会的主角，成为社会生活的法则。

　　勒庞 ① 在《乌合之众》一书中讲，"群体的智力总是低于孤立的个人。"当人们都在群中、在朋友圈里，隔着屏幕变成虚拟人甚至是陌生人时，真诚就成为弥足珍贵的资源。天然的从众心理，繁杂的信息来源，孱弱的价值纽带，导致了思维的随波逐流，判断的懒惰平庸，拉低了身处

① 古斯塔夫·勒庞(Gustave Le Bon, 1841—1931)，法国社会心理学家、社会学家，群体心理学的创始人，有"群体社会的马基雅维里"之称，著有《乌合之众》《各民族进化的心理学规律》《社会主义心理学》《战争心理学》等。他在《乌合之众》中指出，个人一旦进入群体中，他的个性便湮没了，群体的思想占据统治地位；而群体的行为表现为无异议、情绪化和低智商。

其中每个个体的智商。网络价值交流的预期和成本都低，加大了它的随意性，可以无问是非，可以没有逻辑，甚至可以不负责任。观点产生和传播，由于某种现实的需要和某种趋利，个体的好恶会更加赤裸，此时对错被剥离，约束被无视。人性的恶冲出藩篱，法不责众助长了口无遮拦，"带节奏"成为自欺欺人的表演。当网络生活、虚拟生活成为大众生活的一部分，真诚从未像今天这样被社会大众渴求。由此，真诚上升为数字社会的稀缺资源，成为数字社会的压舱石。

当个体见识到谣言的可怕，假话的卑微，套话的浅薄，真诚的力量就如大江大河般横亘在世人的面前，成为人们行走数字社会的价值尺度。在塑化剂排查中，"抽检的140多份方便面样品，未发现人为添加塑化剂……"，这一说辞至今都给人留下猜想的空间。在网络环境下，给大众的另一把锋利的武器是：网民学会用脚投票——虚假的东西，一戳即破；不真诚，导致的是话语权的丧失。

价值传播的真诚是外在的、现实的、生活的、具象的，源泉是内在的、源头的、本真的、抽象的，是传播者来自腹腔和胸膛的声音和情感，是价值和常识判断的转译和同声翻译。再多的训练、包装和数字媒体手段与真诚相比，都是外在的、形式的、物质的，都是形而下的内容和个人的偏狭，而不是内心和内在情感。真诚不言，真的自信。

联合国秘书长安东尼奥·古特雷斯说，"在世界抗击新型冠状病毒大流行的关头，知情权决定掌握着生死大权""新闻媒体提供了揭示真相的良药——经过核实的、科学的、基于事实的报道和分析"。数字媒体时代的价值传播，一个比较普遍的问题是素材泛滥，真伪难辨。真实、真实再真实，是价值传播行走天下、踏入真诚境地的第一个台阶，也是最后一块基石。没有真实这块基石，受众无法走进真诚这个天堂，无法触摸到你的内心，包括你所有良苦用心。

无论时代如何变迁，企业价值传播的主体与客体都是员工，是同事之间的交流与互动。不带感情或刻意伪装的传播，必定不能感染和打动同事，唯有将心比心和喜闻乐见，唯有真实真诚才会让同事欢欣鼓舞、感同身受。数字媒体时代，大量新媒体发迹于掌上屏幕，面对面、一对一的沟通已经沦落。在拇指阅读和屏幕传播盛行之际，从打开至关闭，从此条到彼条，转换极为方便且随心所欲。如何在短时间里打动员工，将发自胸膛的真情实感体现到屏幕产品中，从标题到内文，从色彩应用到配乐剪辑，无时无刻需要感情的投入和真诚的投射。记者流泪，读者才有可能流泪。今天，这比以往更加艰难。对一位员工而言，很难完成一次叙述性的旅程，也就难以完成一项价值传播。每一次叙事和价值传播，都是一种自我拷问和考验。2020 年5 月 4 日，"后浪"广告视频赢得较为热烈的响应，形成刷屏效应，原因是共情和真实，用朴实无华的真诚打动人、感染人，直入心扉，直击心灵。

真情是真诚的一种态度，准确地说，是步入真诚境地、实现真实的前奏。当网络生活、虚拟生活成为现实生活，真诚也就成为现实生活的准则和价值。它的始端是价值和价值判断，由人的素养和价值判断生发出的情感诉求构成。真情为真诚埋下了种子和伏笔，真诚这棵大树开始生根发芽。得知患忧郁症、焦虑症的员工不断增多时，任正非以一个"病友"的身份，给华为员工写了一封信："我想他们应该去看一看北京景山公园的歌的海洋，看看漓江街上少数民族姑娘的对歌，也许会减轻他们的病情。我也曾是一个严重的忧郁症、焦虑症患者，在医生的帮助下，加上自己的乐观，我的病完全治好了。"以心换心，带着共情的真诚。

"后浪"从逻辑到节奏，从文本立意到字句斟酌，从演讲者的情绪到背景音乐的烘托，打磨、拿捏、融合得恰到好处，不骄不躁、不醉不迷，感染力的背后是专业性，是在每个环节、细节和因素上体现出的真功夫。有了专业性，有了真功夫，真情才被有效地、直接地传达、传递出去，否则就是空有一腔热血。价值传播的内功，在于尊重传播规律，尊重社会机理，尊重企业生态，掌握合适的方法与技巧，找到传递真理、释放真情的最佳方式。在于重视策划这个环节，在吃透价值内涵的基础上，去感受员工的主观体验，在沟通方式与表达习惯上跟上员工。新冠肺炎疫情暴发初期，国家电力投资集团有限公司① 先后给总部全体员工写了十余封信，信的开头直呼其名，让你心里一惊；信里的内容细致入微、呵护有加，从如何乘车上班、怎样戴口罩，到用餐注意事项、居家办公须知等，宛如一个长者的叮嘱，充满了关心、爱护。坚持我们自己内心的"真"，才有了对员工的爱。"发自内心"和"溢于言表"两者呼应，打破平淡，制造互动，形成观感，让人感受到你的内心温度，企业的温度。小说《万箭穿心》，女主人公李宝莉倒是毫无掩饰地表达自己，却体现了"刀子嘴、豆腐心"的悲剧性，她的"强势"促成了丈夫的自杀摆脱和儿子对自己的厌烦抛弃。作家暗藏了李宝莉由"真弱假强"到"真强假弱"的蜕变线条，给了慢慢学会珍重、学会尊重、懂得真诚的她，另一个人生的机会。

① 国家电力投资集团有限公司（本书以下简称：国家电投集团）是中央直接管理的特大型国有重要骨干企业，成立于2015年7月，由原中国电力投资集团公司与国家核电技术有限公司重组建立。国家电投集团产业覆盖风电、光伏、水电、火电、核电和生物质发电、储能、氢能等领域，是全球最大的光伏发电企业和清洁能源企业，2022年在世界500强企业中位列260位。

真诚，是平起平坐的价值刻度，是以心换心的情愫，是源自内心深处原始的渴望。真诚是传输价值和尊重受众的结合体，是真情抒发、心意呈现和善良释放的联欢，是以真为贵、以诚为本、将心注入、用爱表达的情感立方。真诚是我们与这个时代说话的试金石，更是数字媒体时代的压舱石。

全品企模流声图倾平常真

员　业

　　　　块

载　媒

体牌体化量音像听视识诚

常　识

　　常识在数字社会已成为稀缺资源。知识的传播，首要的是常识和启蒙。以注射消毒水预防病毒致死的悲剧，和以张文宏①等专业人士，构成新冠肺炎疫情发生后这个特殊时期的鲜明注脚。数字社会不缺数据、信息和知识，缺的是信手拈来的常识。对常识的置若罔闻、丢弃甚至背离，成为数字社会的一个挑战。

　　"我们似乎处在一个言必称现代性的时代。现代性是什么？顾名思义，它应该是现时代一些基本特性的概括。比如我们可以说，在 16 世纪，现代性就是文艺复兴。在 17 世纪，它是理性。到 18 世纪，它是启蒙。再到 19 世纪，现代性是工业革命。可是到了 20 世纪，它倒过来又变成了对工业革命的反思。"② 因此，数字社会的现代性是

① 张文宏，男，1969年8月出生，浙江瑞安人，国家传染病医学中心主任、复旦大学附属华山医院感染科主任。因新冠肺炎疫情期间面对记者采访时硬核、冷静、思路清晰的回答，使他成为网民心中的"硬核"医生。

② 马泰·卡林内斯库.现代性的五副面孔：现代主义、先锋派、颓废、媚俗艺术、后现代主义[M].顾爱彬，李瑞华译.南京：译林出版社，2015：2.

对现代性的一种反思，是贝克所说的"自反性现代性"。福柯认为现代性是一种态度[1]，是人类所特有的认知和行动范式。而如果一种范式自身成为反思的对象，这就意味着该范式的衰落[2]。工业社会的核心问题是短缺与饥饿，而数字社会的核心问题是面对不确定性的焦虑与不安。反思常识并不是常识的终结，而是常识出人意料地空前强化，从其内在属性中孕育出来的新形态。

常识的价值显现于一般情况之下，往往人们觉察不到，一旦背离它，就近于崩溃和垮塌。爱默生说，"常识是两点之间最短的直线。"哲学家说，世界上没有一条直线是直的，这是常识。"常识是全人类共通且认同的识见"[3]，章立凡[4]认为它"体现了文明的价值"。有些人活得没头没脑，不是没受过高等教育不懂道理，不是缺少理想而少追求，而是缺乏基本的常识，不具备对事物做基本的认知和判断。生活中我们发现，人与人的差距，常常在

① 福柯在"何为启蒙？"一文中认为现代性是一种态度，这个态度是指对于现时性的一种关系方式：一些人所作的自愿选择，一种思考和感觉的方式，一种行动、行为的方式。

② 韩炳哲.倦怠社会[M].北京：中信出版集团，2019: 4.

③ 吴晗.中国历史常识[M].西安：陕西师范大学出版社，2009.

④ 章立凡，男，1950年出生，浙江青田人，爱国民主人士章乃器之子，中华慈善总会理事，近代史学者。

于对常识的认知、理解和把握。亚美路说，"常识是事物可能性的标准，由预感和经验组成"。常识是最基础规律的总和，包括常律、常理、常情，是人们最广泛"共识"的判断和最朴素的生活智慧，是不证自明的实践经验，是用来推导其他命题的起点。张文宏说，"疫情来了，医务工作者就是整个事件的中心，这时候必须讲话；当新冠肺炎大幕落下，大家该追剧追剧，我自然会安静离开。"有网友鼓励他谈谈育儿和爱情，张文宏回答："可以肯定的是，关于新冠肺炎病毒，我比你高明。至于别的东西，你们年轻人都是专家。"讲出来的句句是常识，深刻中的深刻，在疫情的至暗时刻成了真理的微光。

亚里士多德将人的灵魂分为两个部分——非理性和理性。非理性的部分，包括人的本能、感觉、欲望等；理性的部分，包括思维、理解、认识等。他认为非理性的部分只是一种诱发，而知识和真理只有通过理性的思考才能获得。亚里士多德主张，教育的目的是发展灵魂高级部分的理性。今天一些人理性思考的迷失，恰恰是数字社会的一大病症，其中信息无限过剩是元凶。信息不舍昼夜涌来，已超越人脑思考的极限，又始终不离不弃。在永无休止地与海量信息纠缠、博弈中，人脑变得精疲力竭、无所适从，安静休息被叫停，主动判断被禁锢，独立思考成为奢侈。看似简单平常的常识被遮蔽、忽略和遗忘，见怪不怪的庸常一再发生。新冠肺炎疫情期间张文宏建议，不要让孩子吃粥，准备充足的牛奶和鸡蛋，一定要吃高营养、高蛋白的东西。此话一出舆论哗然，原因是一些人吃了半辈子粥，究竟有没有营养这个最本真的问题，没有过多思考，也就没有了常识判断。

理性的思考，是保持内心宁静、自我沉淀和独立评判的前提，让个体在尘嚣诱惑中保持身心的沉静，避免个体的彷徨和走失。个体自我沉淀，主动隔离信息，形成时间屏障，形成知识沉淀和块垒即常识，这是数字社会个体的基本态度。以这种态度去面对企业价值传播，自然而然会拿起常识，会发现切斯特菲尔德所说的"常识是我所晓得的最高的不近人情"，或者"常识是我所知道的最高的通情达理"的真理特征，个体的内心被原力唤醒，价值传播、价值传播者都将满血复活。

生活中有一种可怕的现象，常常自以为是，却又不自知。将取之不尽的信息，以为全部是自己独自拥有的；将所有阅读的信息，以为是自己独自拥有的知识；将自己所有收藏的文章、素材，以为是自己独自拥有的常识。信息是即时的，它不是被很多人、很多代人反复验证过的逻辑与规律，也并非不证自明的实践经验、即信息不等于知识，更不等于常识。信息若要转化为有价值的常识，须经过从信息到经验、到知识、再到常识的一个完整过程，这个过程是渐变与蜕变的结合，经历时间和实践的双重洗礼。许倬云[①] 说，"信息只是材料、素材，唯有经过自己的总结和加工，变成你对事物的判断才能叫知识，再进一步梳理、沉淀、检验才叫常识。"他接受许知远采访时说，"我们现在的知识分子，是 cyber 知识分子（网络知识分子），是检索机器，不是思考者"；"现在

① 许倬云，1930年出生于江苏无锡，1962年获美国芝加哥大学博士，先后执教于台湾大学、美国匹兹堡大学，1986年荣任为美国人文学社荣誉会士。代表著作有《西周史》《汉代农业》《中国古代社会史论》《万古江河》《说中国》等。

做注脚的人越来越少，答案太现成，都是像麦当劳一样，思想上的麦当劳。短暂吃下去了，够饱了，不去想了。"

数字社会个体在知识获取上趋于平等，与单位时间成正比。个体因工具跃升拥有大把的时间，同时个人最紧缺的资源还是时间。原因是，个人劳动之余的时间被数字社会瓦解，时间碎片化。时间被切割、被分化，碎片与碎片间无序，形不成时间墙，失去对噪声的隔绝，人在信息的喧嚣中无法静下心来，信息无从沉淀，无从成为人们的内在，无法在大脑皮层形成深刻的记忆和累积。信息难以通过个体的沉淀、消化、理解这一内化过程，也就无法变为个体的记忆和知识，最终难以成为累积的常识。导致一些人不知身处何地，也不知今夕是何夕，没有时间来透视和看穿本质，只有短暂的游戏和偶然的留存。人们丧失对信息消化、沉淀和认知的能力，继而在信息与常识间无法判断彼此，这是新冠肺炎疫情大流行初期人们恐慌的原因。张文宏说，"新冠病毒将成人类史上最难对付病毒之一。它的传染性极强，致死率却不像埃博拉病毒那样高且快，还有很多无症状感染者，防不胜防。"人们听到这番话，对人命关天的疫情有了一个基本尺度和判断，一定程度上消除或消解了内心的恐慌。今天看来，这无非是一句带有专业知识的常识罢了。

企业作为社会化的经济组织，较其他社会组织更为敏锐和富有直觉。当电脑对人脑的替代无孔不入，员工在享受被服务的快感和信息计算高效与拓展的同时，不知不觉中大脑变得懒惰，忽视自己的思维训练。参加一个话题的讨论，恐慌的不是对问题有没有深入研究，而是忘记带笔记本电脑，或者是智能手机没电了。我们的一切几乎都在电脑里而不是在大脑里，往往仅做信息的二传手，不做甄别、辨识和判断；人云亦云，随波逐流，不自觉背离了常识。任正非说，"华为变革的目的就是要产粮食以及增加土地肥力，不能对这两个目的直接和间接作出贡献的流程制度都要逐步简化。"时代无论如何演变，终不会逃出历史的方位，常识永远会在那里等你。传播的对象是人，对人性的洞察，对社会机理的把握，对时代大势的敏锐，这是常识的常识。

企业价值传播首先是知识传播，真谛是常识、真理、信仰的传播。这条完整的价值传播链，常识是不可或缺的关键一环，准确地说是价值传播的基石。常识孕于知识，高于知识，关键是常识的价值性高于知识。无论是知识还是常识，它们成为价值的标准，在于是否启迪思考，帮助我们判断，转化为人的主张。张文宏鼓励大家居家避疫，他说"每一个中国人都是战士，你在家里不是隔离，你是在战斗啊！你觉得很闷，病毒也被你闷死了。"开始复工复产，张文宏提醒"防火，防盗，'防'同事"，工作场合也要保持社交距离。道理点石成了常理、常识，他的主张被公众欣然接受。

现实生活中，常识尤其是常识判断的缺位，被急功近利、急于求成的功绩社会主动、刻意地避开，原因是常识需要付出成本，包括社会成本、人工成本和时间成本。无论是编辑一条信息，还是策划一个宣传文案，乃至制作一部企业宣传片，从主题、文案、素材、脚本、案例、数据、镜头、标题等，大大小小的细节，都需要做常识的判断。而几乎所有"低级红"传播现象的背后，都可见常识判断的缺失。

　　人类学家吉尔兹说，"常识是一种文化体系"。常识也随时代进步不断迭代、丰富和发展。16 世纪中期，哥白尼《天球运行论》与维萨留斯《人体的结构》同时诞生，全新的知识图景涤汰了以阿奎那为代表的古典自然法理论，从知识大厦的地基处，动摇了中世纪自然法理论的认识论基础，大众常识随真理发现被迭代，全新的知识体系被重构。在快速迭代的时代里，嵌入新的观念、元素、模式，尤其是新的知识，找到企业价值传播脱颖而出的天梯。数字时代，常识跃出地平线，给我们铺就这样一个实实在在的天梯——价值传播的第二真理。

全　品　企　模　流　声　图　倾　平　常　真

员　　　业

　　　　　　块

载　　　媒

体　牌　体　化　量　音　像　听　视　识　诚

平　视

　　平视不仅是视觉的高差，还关乎平起平坐的道德评价，更涉及与时代说话的始点、准则和价值。在传统思维惯性中，人们习惯按部就班，习惯随波逐流，习惯居高临下。当溯流而望过去 40 年，历史在此转弯，巨大的历史山丘被削为舒展的现实平原。此时此刻，平视让我们放下自己，回归一个普通人的尊严和神圣。

　　平视的平畴沃野是社会基础和文化传统。中国早期社会形态中，夏商周"三代"文化基因的基本特征，是家长制、血缘纽带和祖先崇拜。周代的家与国是合一的，中央和地方的关系，不仅是政治关系，更是血缘关系。"由宗法所封建的国家，与周王室的关系，一面是君臣，一面是兄弟伯叔甥舅。而在其基本意义上，伯叔兄弟甥舅的观念，重于君臣的观念。"[①] 中国早期社会分层，是以血缘关系为标准的。周代王位继承的嫡长制，不只存在于王室，

① 徐复观.两汉思想史[M].北京：九州出版社，2019：28.

而是通行于整个社会。北宋大儒张载在《经学理窟·宗法》中描述：诸侯把爵位传给嫡长子，其他儿子被封为卿大夫；卿大夫的地位，也只能传给嫡长子，其他儿子就降到"士"这个阶级；士的嫡长子仍然是士，他的儿子就只能算是平民了。结果是，谁在血缘上离周王近，谁就位于社会上层；谁在血缘上离嫡长子远，谁就处于大家族社会地位的下层。血缘关系与政治结构、经济基础成为社会层级的核心纽带，是中国传统文化的核心特征。《礼记·内则》说，家族内部，最有权威的是宗子。旁系子孙"虽贵富，不敢以贵富入宗子之家。虽众车徒，舍于外，以寡约入。子弟犹归器、衣服、裘衾、车马，则必献其上，而后敢服用其次也。若非所献，则不敢以入于宗子之门，不敢以贵富加于父兄、宗族"①。这就形成上古时代"先贵而后富"的敛财方式：血缘谱系上地位越尊贵，支配的财富就越多。

这表明，沟通视角与社会分层呈现强关联关系。此时，同一阶层间才存在"平视"。刘姥姥即使进了大观园，也不可

① 张宏杰.简读中国史——世界史坐标下的中国[M].长沙：岳麓书社，2019：40.

能与大观园的主人"平视"，只能憨憨地吃喝，快乐地被施舍。韩信能忍胯下之辱，是对武力的屈服，他明白跪与不跪不关键，改变不了他与施辱者之间"平视"的本质，因为他们仍在一个阶层。功成名就后的韩信，放过当年的施辱者，根源是他们已不在同一阶层，形成了视差和道德优越感，追究则降低了他自己的身份。向往进入更上一层的"平视"，成为欲望；防止下一层进入本层的"平视"，成为底线，这是一种文化表现。如曾国藩、李鸿章，纵然带很多"晚辈"成为"同僚"，但又以"老师"与"学生"的身份达成契约，运用别人的欲望，又努力守住自己的底线。李白，闪光在历史长河，却不能受宠盛时的大唐，他生时已触碰更高阶层的底线。福建土楼 ① 大多是建在一个平面的，但结构上体现了视角分层的文化，无论是土楼的整体外观，还是其内部的具体布局，都充分显示出敬祖崇宗、尊师重教、伦理严明的特征。从外部的整体轮廓来看，土楼建筑是呈现向心性的，一座单

① 福建土楼是世界独一无二的大型民居形式，被称为中国传统民居的瑰宝，起源于唐朝陈元光开漳时的兵营、城堡和山寨，成熟于明末、清代和中华民国时期，是闽南地区自唐以来"外寇之出入，蠢贼之内讧"的特殊社会环境的产物。

独的土楼就是一个家族的凝聚中心。福建五凤楼①，其构造层次分明，等级不可逾越，成为中国阶层文化的一个活标本，成为传统社会人与人之间天然沟壑的象征。

当数字社会来临，世界相互联通而演化出新的格局，从个人、组织到国家，从情感、观念到行为，变化的翻天覆地，态势的多元化，构成新时代特征。韩炳哲说，这将"极大地改变着我们的行为、我们的感知、我们的感情、我们的思维、我们的共同生活。"② 农业文明向工业文明的转型，快捷的现代交通网络大幅拓展，城镇化的快速生成，人口的大量流动，社会的网络化、数字化和透明化，将古老的社会"拉"平，数千年形成的超稳定的农业社会结构开始解体。

其中一个鲜明的变化，是信息传播的速度、方式和媒介的巨变。20 世纪下半叶，美国街头一个枪击案，数天、数十天甚至几个月才被我们所知道。如今，半

① 五凤楼今称鼓楼，距今已有1800多年历史，位于福建省建瓯市区中心，前身是196年建安立县时所筑"子城"的南门，公元943年，闽主王审知之子王延政在建州称帝时在其遗址上兴建"五凤楼"，借以显示其帝王气象。后屡毁屡修，如今已成为建瓯历史文化名城的标志性建筑和重要景观。

② 韩炳哲.在群中——数字媒体时代的大众心理学[M].北京：中信出版集团，2019：1.

小时甚至几分钟内，相关信息就会被推送到我们的智能手机上。八十多位国家政要确诊感染新冠肺炎，消息在第一时间全世界家喻户晓。无论在世界何地，无关种族、职业、年龄和收入，信息对每个人都是公平的。过去，一些人能看到别人看不到的文件，获得别人得不到的信息；如今，我们不再是信息被动的接受者和消费者，而是主动的发送者和生产者。数字技术和传播模式的迭代升级，员工个体的自主表达顺畅通达。互联网让人们生活在一个地球村，员工真实地感受到"世界是平的"。

员工既是信息的消费者，也是信息的生产者，而且每个员工都主动"发言"。数字媒体提供观看的窗口，同时打开一扇门，让员工通过这扇门把信息传递出去。员工通过这个窗口与世界相连，与一个个窗口相连，这是数字媒体与广播电视等传统大众媒体的一个本质区别。传统媒体居于金字塔的塔尖，一览众山小，他是信息的生产者和权威发布者，居垄断地位。而今天，信息生产、发送和接收过程，无需经任何中间人中转，无需通过中介调整和过滤，它的时态是现在进行时。

在这种普遍去媒体化前提下，代言时代被终结了。"数

字媒体消除了所有的信息传教士阶级。"[①]

① 炳韩哲.在群中——数字媒体时代的大众心理学[M].北京：中信出版集团，2019：27.

黄晓明那句"我不要你觉得，我要我觉得"

非常火，表达了一种不容置疑的情绪，更

反映出"我"的强大性。现实中我们内心

焦虑，有对企业边界、生产方式、营销模式、盈利模

式改变的担心，更多的是对员工心智、思维方式、价

值理念改变的忧虑，核心是员工已成为独立的、自觉的、

有价值判断的主体。《礼记·曲礼下》对平视的表述为：

"大夫衡视"。"衡"，平也；"衡视"，两眼平着向前看。

人类是脊椎动物，从爬行逐渐地直立，漫长而不断迭

代的进化，并没有将仰视、俯视等其他角度固化为普

遍的自然状态，而是始终将"平视"选择为常态。此时，

人类脊椎承受压力最弱，身体姿态最舒服，即最经济、

最自然的状态。从生理衍生到人伦，"平视"也是成本

最低、疏通最畅的交流视角。如果了解到受众天生希

望被认知、被尊重、被平视的尊严感与喜悦感，我们

就会感受到平视发自内心的人性魅力，是来自人类基因的和谐。

在一个地平线上，即使是一句平平常常的问候，也充满感情和温度。平视，直接穿透物理空间，每一个员工都静候、倾听、吸纳，用尽全身的力气。于是，平视自身产生巨大的魔力，拥有了真理的力量。"干吗什么都要拔高，干吗非要造神，大家明明都是普通人啊！都会害怕，会担心，会生气，他们也都是在以命换命。对于普通人它就是一份工作，不要用高尚来绑架别人。"张文宏式反鸡汤，这种换位思考、平等相待的口吻，得到了众星捧月的回报。2016 年 1 月，金承志和上海彩虹室内合唱团因《张士超你昨晚上到底把我家钥匙放在哪里了？》而一炮打响；同年 7 月，为"加班狗"呐喊的《感觉身体被掏空》再次爆红。数年过去了，日常的理想和理想的日常，仍然是金承志作品最大的特色和"彩虹"最鲜明的姿态。杨宁在《我国作曲家为什么不写日常生活》一文总结："我国作曲家的作品大多立意高远，或挖掘传统，或勾勒意境，而甚少关怀当下的日常"。究其原因，则是"艺术自律论让作品凌驾于现实世界之上，让它的价值不再在于当下，而在于成为永不过期的'神谕'"。往往，作曲家更要"背负一定的文化建设重任：创造远离凡俗的'经典'，成为时代的先行者"。[①] 新冠肺炎疫情蔓延全球之际，20 国集团领导人通过视频共商全球疫情防控策略，"平视"是与会者之间的沟通视角。越来越多的创业公司选择合伙人制度，用外部力量对企业内部决策机制产生影响，弥补决策者个人能力的不足，让有能力、有资源、有胆略的人加入，企业不再"一言堂"。新冠肺炎疫情期间国家电投集团融合租赁公司，在"云端"举行合作伙伴大会，八个小时的平起平坐交流，无论是甲方还是乙方，无论是消费方还是供货方，以伙伴关系为价值维度和纽带，各取所需、优势互补、抱团取暖、互利共赢。当"平视"将高山夷为平地，人的心理高差消失殆尽，所有人寻找到同一水平线，人与人之间的心理屏障消融不见，相互沟通的"墙壁"瞬间拆除。于是，平视

① 杨宁.上海彩虹室内合唱团：日常的理想和理想的日常[J].爱乐，2021, 12: 26.

由道德演变为常识，常识成为真理，成为价值传播者的不二法宝，成为真理传播的一把所向披靡的利剑。

数字媒体时代的传播，本质上是观念、价值、信仰的传播，过程中传播者所持的视角、态度、观念十分重要。在价值传播过程中，或者说与员工"说话"过程中，作为传播行为的策划者与实施者，往往会出现视角偏差。习惯用自己的视角，去认识、理解、看待员工，要么高了，要么低了。大概率结果是员工不领情，不给"面子"，甚至反感、厌恶，传播效果大打折扣。这是企业经常遇到的困惑，你做了很多工作，员工反应冷淡或敷衍了事。选择平视角度，传播内容充满温度，传播过程充分体现尊重，传播的效果更容易达到预期。2007~2020 年间，国家电投集团以每月 1 期的节奏，在企业内部创办《和》杂志①。创刊之初，就希望同事拿到这本杂志，就像见到一位老朋友，在北京后海或三里屯，端上一杯咖啡或者啤酒，边喝边聊，分享各自生命的体味。所以，平

① 《和》杂志是国家电投集团企业内刊和企业文化传播载体，办刊宗旨在于诠释传播企业文化内在，尤其是核心价值观，反映企业创业历程。创刊于2007年10月，发行157期，印发120万册。

视就成了这总共 157 期《和》杂志的基本态度。平视或者说平和、平等，是态度，更是我们从事价值传播的价值维度和价值坚守。平视是沟通视角、沟通法则，也是价值传播的定理，更是一种世界观和方法论。

从道德视角看待平视，谦逊、修养、尊重是它的美德。"无论人生上到哪一层台阶，阶下有人在仰望你，阶上亦有人在俯视你，你抬头自卑，低头自得，唯有平视，才能看见真实的自己。"这是杨绛先生的修为，多数人包括企业员工是很难学来的。个体在权利、金钱、地位等处于优势地位时，因其学养、修为、道德的因素，自我主动与交流对象平起平坐，传统文化将其视为道德高尚、修养深厚的表现，是绅士或仁者的标志和格调。此时，平视是发自内心的一种态度和修为。今天，平视走出道德藩篱，走到规律、范式和价值的新领地。平视由居高临下，由优势者的俯瞰和怜悯，由特定阶层的道德范式，演变成大众常识。平视打破阶层围墙，崛起于透明社会。

《大地Ⅲ》局部

全 品 企 模 流 声 图 倾 平 常 真

员　　业

　　　　块

载　　媒

体 牌 体 化 量 音 像 听 视 识 诚

有风的早晨

倾　听

今天，倾听的能力开始丧失。数字媒体时代，人们看似自由，实则自我麻痹，倦怠社会听力全无，我们不再被目光凝视，不再被他者倾听。我们是信息的制造者，可以随时发声，无非被"点赞"或"转发"，带来的是过度肯定性。与自己相同的人越来越多，同质化只会遇见自己，或者遇见和自己相同的人，而"自我"是没有能力去倾听的。我们将自己隔离在孤岛上，自说自话、自娱自乐，这进一步加剧自我膨胀，不愿意倾听，不想倾听，甚至不再倾听。韩炳哲说，"妨碍倾听的罪魁祸首便是日渐严重的自我聚焦，是社会的自恋化倾向。"

这导致严重的后果——他者①的否定性②，

① 他者(the other)，是相对于"自我"(self)的概念，指自我以外的一切人与事物。凡是外在于自我的，不管以什么形式存在，都可以被称为"他者"。"自我"与"他者"是西方哲学中探讨主体与客体关系问题的重要范畴。

② 肯定性与否定性，是辩证法中的一组范畴，否定性是矛盾里的重要性质。古希腊的芝诺最早揭示出万物都有两个相互对立的方面——肯定与否定。近代哲学中，黑格尔深入研究了肯定性与否定性这对范畴，阐述了其辩证关系，认为只有通过否定之否定，才能确立形而上学意义上的真理。马克思主义哲学吸取了黑格尔的哲学观点，在唯物主义的基础上，揭示了客观事物中肯定和否定的辩证法。本书中，肯定性意为事物、现象等客观存在的绝对性、确定性、单向性特征，否定性意为对客观存在的思辨和批判。

让位于自我的肯定性。海德格尔说,"常人怎样享乐,我们就怎样享乐;常人对文学艺术怎样阅读怎样判断,我们就怎样阅读怎样判断;竟至常人怎样从'大众'中抽身,我们也就怎样抽身;常人对什么东西愤怒,我们就对什么东西'愤怒'。"若如此,同质化的社会就不再有他者。人们被多姿多彩迷住双眼,同质化的系统性暴力却浑然不觉。没有他者的存在,事物缺少了对立面和不同于自身的他者赋予的生机和活力,交际就沦为一场加速的信息交换。

过剩的信息,无止境的超链接,打碎我们的时间,分散注意力,每个人忙于发声,无暇顾及也不想倾听。倾听的主动性在很大程度上被禁锢,每个人只关注"自我",没人愿意倾听,倾诉者无法被赋予他者的"他性",听者和讲者无法形成真正意义上的交流,也无法造就"共振空间"①。在数字社会,倾听很可能蜕变为一种奢侈。

① 韩炳哲.他者的消失[M].北京:中信出版集团,2019: 1.

人与人交往中,倾听是运用交往理性,探寻自身的认知边界,是达成共识、引导向善的有效路径。

千百年来人类始终都在倾听，只是在数字社会的今天，倾听走神，迷失了方向。倾听不是简单用耳朵听，是有效沟通的必要组成部分。倾听本质是一种信仰和执念，是一种对他人的尊重和给予，是我与他者实现思想交流和感情沟通的底层逻辑。倾听本意是指侧着头听、细听、认真地听。《礼记·曲礼上》："立不正方，不倾听。"巴纳德[①]认为，沟通是把一个组织中的成员联系在一起，以实现共同目标的手段，倾听是其中重要一环。倾听是通过听觉和视觉，接收和理解倾诉者的思想、信息和情感的过程。严格意义上，倾听是面容的相遇，而不是观看；是我与你面对面的言说，是经由对话，而非沟通思想、交流信息的手段。在韩炳哲看来，倾听是一种主动行为，一种对他者存在和他者痛苦的主动参与。它居中调和，将人类连接成一个共同体。

[①] 切斯特·巴纳德（Chesterl Barnard，1886—1961），系统组织理论创始人，现代管理理论之父，作品有《经理人员的职能》《组织与管理》《集体协作》等。

　　工业时代为企业带来高效的生产，也给企业带来科层制的管理体系，构成一个权力序列，将话语权和决策权集中在企业的顶层，韦伯①将其形象地比喻为"铁笼"。彼时，员工与员工、员工与企业之间的关系成了商业上的"供求关系"，员工成为人力资本，个人发展不是从员工特点出发，而是满足机器对于一个"高品质零件"的要求。企业习惯把人的复杂情况简化为若干指标，通过绩效考核等手段将员工"固定"在生产线上。这提高了生产效率，但也将员工的重要属性忽略了。员工的创造性，人格品质，兴趣爱好，价值观念等，与绩效功能无关的要素被忽略。福柯认为，工厂是典型的规训场景，是一个由不同因素组成的复杂网络：高墙、空间、机构、规章、话语。所有这一切都是为了制造出受规训的个人，这种处于中心的位置并被统一起来的人性是复杂的权力关系的效果和工具，是受制于多种"监禁"机制的肉体和力量。我们渐渐丢弃倾听，一切以机器为核心，而不是人，这是问题的焦点。

科学技术越发展，作为活生生的人越重要。人既是

① 马克斯·韦伯(1864—1920)，德国社会学家、历史学家、政治学家、经济学家、哲学家，是现代西方一位极具影响力的思想家，代表作为《新教伦理与资本主义精神》。

物理性的存在，也是精神性的存在，面对可能被滥用的权力技术，突破点就在于灵魂的自我反思和自我批判，就是福柯所说的自我技术。"自我技术，它使个体能够通过自己的力量或者他人的帮助，进行一系列对他们自身的身体及灵魂、思想、行为、存在方式的操控，以此达成自我的转变，以求获得某种幸福、纯洁、智慧、完美或不朽的状态"①。人真正实现自由，不在于打碎外在的铁链，消除一切控制和压迫的权力关系，而在于人的自我觉醒。

① 米歇尔·福柯.自我技术：福柯文选Ⅲ[M].北京：北京大学出版社，2016：54.

当今时代，员工的精神诉求，越来越凸显和占据主导地位。此时，倾听转化为关注、尊重和给予，一定程度上倾听又是一种馈赠，把自己宝贵时间赠予他者。企业内部，一面是数字社会的开放自由，一面是工业社会的规矩规训，两者势如水火，员工面对这种明显的"地位"高差，产生了倾诉与倾听的双重壁垒。往往造成听者完全没有注意讲者所说的内容，或者错过了讲者的语调、身姿、手势、表情和眼神所表达的深意。造成说者自己滔滔不绝、行云流水，而听者枯燥乏味、面无表情，各说各的话，各想各的事，说者、听者在两个频道上。本质上，是我们如何对待自己、对待这个世界，是价值取向问题。韦伯说，现代社会人们不容易相信上帝、天道这些东西，世界被"祛魅"了。在价值问题上更加多元，你要诗和远方，他要功成名就；你要个人自由，他要集体温暖。这让现代社会陷入了多元主义，韦伯把这个局面称为"诸神之争"。如何解决，韦伯也没给出答案，后人称其为"韦伯命题"。

哈贝马斯[①]出色地回应了这个挑战。哈贝马斯指出，现实生活，每个人的行动、观念，不是诞生在自己脑子里的，而是在人和人之间被塑造出来的。在人和人之间是我们根本的存在方式，沟通交流、互相交往是我们所有行动的共同基础。而在听、说、读、写四种沟通形式中，倾听占到 40%，成为化解"韦伯命题"的一个答案。阿布拉莫维奇[②]的一件代表作《艺

① 优尔根·哈贝马斯（Jurgen Habermas，1929—），德国当代最重要的哲学家之一，是西方马克思主义法兰克福学派第二代的中坚人物，被公认为是"当代最有影响力的思想家"。代表作品有《在事实与规则之间》《后形而上学思想》《交往行为理论》等。

② 玛丽娜·阿布拉莫维奇（Marina Abramović，1946—），塞尔维亚行为艺术、人体艺术家、导演、编剧。从20世纪70年代开始其在行为艺术上的实践，被认为是20世纪最伟大的行为艺术家之一。

术家在现场》，是她 2010 年在纽约现代艺术馆举办的个展中的一件行为艺术，她只是坐在一间空荡荡的展厅中，对面放一把椅子，任何观众都可以坐上去与她对视。观众坐多久都行，而她则会在开馆的整整 7 个小时中一直坐在那里，不吃不喝、如如不动。历时两个半月时间，参观人数高达 85 万，她静坐了 716 小时，用眼睛与 1500 个陌生人对视，以无声的方式在倾听，将其听觉无私地奉献给他者。为了他者，她就是这样放空和沉浸，平静、安详地坐在那里，没有一丝情绪的流露，反而让阿布拉莫维奇成为一个容器，让所有的人从阿布拉莫维奇的眼里看到自己，于是有人哭有人笑，有人表白，有人坐立不安，他们看向阿布拉莫维奇，也看向阿布拉莫维奇眼中那个毫无保留、映射出的他自己，实际是被倾听者的真情诉说。

当艺术家乌雷[①]意外出现时，这位 22 年前的男友和艺术搭档，坐在她对面椅子上重逢的瞬间，她不禁流下了眼泪，双方静静地对望，用眼神相互倾听倾诉彼此的心

① 乌雷（Ulay，1943—2020），原名弗兰克·乌维·莱西潘，自 1971 年以来以艺名"乌雷"活跃于艺术圈，他是宝丽来摄影的先驱者，是行为艺术历史中少有的几个可以称为教科书式的人物。

声。阿布拉莫维奇是所有人的容器，当乌雷出现的那一刻，阿布拉莫维奇又回到了她自己。从这个意义上讲，倾听先于倾诉。现代人在生存压力下，崇尚"快"生活，从少年到成人，我们因"快"而陷入自己的牢笼，内心越来越焦躁。倾听作为一种安静的力量，先构造一个"共振空间"，鼓励和邀请他者倾诉，从他者的倾诉中，学会倾听外在的声音和自己的心声，进行深度思考和冷静决断。不仅如此，面对面与他者言说时，这个"他者"就不再是我思考的对象和主体，我们之间不是对立也非统一的关系，我们是"共在"。因此，我们的交谈和彼此倾听，首先成为存在的独白，于是他者畅所欲言。我们之间的相互关系的这个存在，才产生了我的这个思想和观念。所以，我们的言说，本质上是讲我们的存在。

根据哈贝马斯的理论，人们的日常行动分为两种：一种是"策略行动"，达到特定的功利性目标，使用的是工具理性；一种是"交往行动"，没有什么特定的功利性目标。

在人与人交往中，有时会谈得开心愉快，有时谈得不欢而散，这一切都是常态。这场交流的日常生活标尺不是在讲道理，而是好好说话。这时，倾听成了唯一途径，成了评判的尺度，哈贝马斯称之为"交往理性"。我们与他人达成共识，不是谁的道理强，让你哑口无言，而是彼此用心倾听交流，"倾听者全心全意地将自己交给他者"①，出于信任和尊重。

① 韩炳哲.他者的消失[M].北京：中信出版集团，2019：111.

倾听者需要在沉默不语中倾听，此时不说话比说话重要，而且自始至终需要的是沉默安静，是静静地倾听。那一刻，倾听者只需平静、自然、安详地吐纳、吞咽、呼吸，是一呼一吸之间的平心静气，是心平气和的沉思与专注。倾听者不急于做出判断，而是感同身受，设身处地为对方着想，更多的是倾听而非辩解。倾听本身是一剂良药，倾听过程让他者流淌、倾泻，排除胸中块垒，是自我解压、自我疗治的过程，倾听成为一个出口。所以倾听是一种治愈，倾听有治愈功能。国家电投集团新冠肺炎疫情期间创建的"云上沙龙"平台，打造了一个听者和讲者的"共同空间"，让倾听在数字社会找到"他者"与"自我"的有效融合，成为应对外部不确定性的思想市场和精神场域。"只愿说而不愿听，是贪婪的一种形式"。焦波① 倾听父母近 40 年，才有《俺爹俺娘》；倾听沂源乡村将近 400 天，才有《乡村里的中国》；倾听 6 个汶川地震孤儿 10 年，才有《那又怎样》。

数字时代已不期而遇，内在的眼光、精力以及时间，散射到无边无际的数字社会和虚拟世界，我们再也回不到从前。但我们的心是可以回到"自我"，回到内在，回到对这个世界的关注和责任——一种超越常识的责任。世界的更新需要从"我"开始，需要"我"承担更多的责任。20世纪末，狱中的哈维尔② 在读了伊曼努尔·列维纳斯③ 的一篇文章时感叹："这些观点同我的经历和看法完全契合。也就是说，'我'应当对世界的状况负责。"这

① 焦波，男，1956年1月生于山东淄博市博山区，主要作品有《俺爹俺娘》《昨日一瞬》《两万五千里大抒情》《中国百姓故事》《外国人在中国》等。

② 瓦茨拉夫·哈维尔（捷克语：Vaclav Havel，1936—2011），捷克剧作家、政治家、导演、编剧、演员。他是捷克斯洛伐克联邦共和国最后一任总统（1989—1992），也是捷克独立后第一任总统（1993—2003），因出色的思想和高尚的实践，被誉为现代"哲学王"及捷克革命的灵魂。1970至1989年3次入狱，被关押近5年。著有《乞丐的歌舞剧》《无权力者的权力》《给奥尔嘉的信》《哈维尔自传》等。

③ 伊曼努尔·列维纳斯（Emmanuel Levinas，1906—1995），法国著名哲学家，20世纪欧洲最伟大的伦理学家，主要著作有《从存在到存在者》《和胡塞尔、海德格尔一起发现存在》《整体与无限论外在性》等。

种对世界的责任，当然就是对自己最高级的责任，早已超出人们常认为的责任同义务相称的原则。当然，"这种责任观并非一个自明的公理，而是一种思想和精神。"[①] 当我们扛起这种责任的公理，进入一种内在的澄澈与空明，便会把"自我"放下，在他者面前放下自狂、自大、自恋，走来"小我"抑或是"大我"，也就走到了他者的世界。此时，倾听真切地成为"我"的一部分，成为我生活、生命的一部分，而早已不是技巧和手段。

在列维纳斯那里，倾听他人的声音和面容，是对我的责任的要求。这种对话关系的根本，是他人高于自我的不平等关系，有别于布伯对称性的"我与你"，不同于巴赫金追求平等主体间的对话伦理。这声音既是请求也是命令，我的任何回应都首先意味着"我在此""我有责任"。每一次倾听，都是我责任心的事件："让每个人说话吧，你不要说话。你的话会夺走他人的形象；你的热情会模糊他人的界限；当你说话的时候，它们不再认识自己；他们就成了你。"[②]

① 刘文瑾.面容的抵抗：后奥斯维辛的遗产[J].读书, 2021, 12: 159.

② 韩炳哲.他者的消失[M].北京：中信出版集团, 2019: 109.

全 品 企 模 流 声 图 倾 平 常 真

员 　 业

　 　 　 块

载 　 媒

体 牌 体 化 量 音 像 听 视 识 诚

原野的傍晚

图　像

数字媒体让"图像记忆"得到反复、几何级数增长的量和没有边界的覆盖，让图像生长出观念。米歇尔[1] 将"9·11事件"解读为一次针对视觉的恐怖袭击。他认为，世贸中心双子塔建筑生命的逝去，其象征的"毁灭"印象却油然而生——"从恐怖分子的角度看，那些在灾难中丧命的人不过是一种'附带破坏'，真正的目标是一个全球可见的偶像，将其毁灭的过程作为媒体景观呈现出来。"双子塔"毁灭"不断被媒体传播并繁殖，被反复聚焦与凝视，从某种意义上讲，与其说恐怖主义由此在人们脑海中建立了"记忆属地"，不如说他们利用数字图像传播建立了"价值属地"。

从"记忆属地"到"价值属地"，维特根斯坦[2] 认为"图像是一种事实"。他认为，图像作

[1] W.J.T.米歇尔(W.J.T. Mitchell)，芝加哥大学艺术史系和英语语言文学系著名教授，著作有《图画何为?》《大地景象与权力》和《图像理论》等。

[2] 路德维希·约瑟夫·约翰·维特根斯坦(Ludwig Josef Johann Wittgenstein, 1889—1951)，作家、哲学家，分析哲学创始人之一，其代表作品有12卷《维特根斯坦全集》。

为对世界的简单概括，世界是一切发生的事情，是事实的总和，是以命题的形式表示，而命题又是实在的图像。相对于语言、文字和声音，图像最接近真相，是对"事实"最客观的描述和最忠实的记录，这种描述与记录的形象直接性和现场性无可比拟。

简单明确、直接生动，图像这一事实在人脑中留下深深的记忆刻痕。图像作为现实世界最亲近的媒介，具有强大的信息搬运能力和传递能力。眼睛作为光感受器，可以感受形觉、光觉及色觉，接受视觉信号并传递到大脑视觉中枢加工处理，最终产生知觉并被人类感知。美国德克萨斯大学研究小组在《科学世界》上指出，因为低密度的视觉刺激会增强大脑视觉皮层分泌去甲肾上腺素的能力，而适当水平的这种化学成分能帮助大脑分配注意力并保持在优化状态[1]。

丹·罗姆在《一页纸创意思考术》[2]中讲到，通过听觉获得的信息，只能记住10%；透过文字，是20%；经由图像，则可以记住80%。

① 《三联生活周刊》，2021年12月27日，2021年第52期（总第1169期），第20页。

② 丹·罗姆.一页纸创意思考术[M].北京：中信出版集团，2017.

图像一向令人着迷，心理学的原因在于，它揭去了观看的禁忌的面纱。仰韶文化[①]中彩绘于陶盆内侧的人面鱼纹[②]令人过目不忘；纳米比亚推菲尔泉记载的 2000 多幅岩刻画[③]是 6000~2000 年前两个部落留下的，这是人类早期通过图像记录生活和表述内心情感的印证。近现代有了照相特别是摄（录）像技术后，"瞬间"和"片刻"可以存储、复制和转移，"眼见"被记录得越来越清晰和真切，记录则真切表现了事实，让我们在"事实"之外的时间和空间能"还原事实"，身临其境感受"眼见事实"。

数字社会带来生产结构和社会结构的变化，改变了文化土壤和价值观念，人们的时间、空间、供求、读写、学习和选择等时序发生改变，也改变了价值传播方式和艺术创作方式。员工作为社会人，思想观念也同样发生改变，尤其是"90 后""00 后"作为今天

① 仰韶文化是黄河中游重要的新石器时代彩陶文化，持续时间约在公元前5000年至前3000年。

② 1955年在陕西省西安市半坡遗址，出土了一件彩陶盆，浅腹，底部接近平坦，陶盆内壁用黑彩描绘出由人面和鱼纹混合组成的图案，因为人面鱼纹的独特和神秘，使其成为最具艺术价值的彩陶纹饰。

③ 位于纳米比亚中心西北部半沙漠地带，大量的石器时代岩画让这里在2007年被列入《世界遗产目录》。

的"新新人类"，与前几代人的代差巨大，观念迭代直接进入数字社会，成为数字社会观念的先导者。一个事物的好与坏、美与丑、真与假，他们都有自己的认知和判断。就信息而言，要自己选择和甄别，无需外在的强加。

在轻而易举获取、无限复制图像的同时，作为"一种事实"的图像，无休止地修改，图像更加"平滑"，导致"事实"的结果退居其次。一个重要原因是资本力量和市场需求的无孔不入，图像审美的粗粝和真实的原始状貌，迅速进入"平滑"阶段，图像描述的世界趋于虚无、空灵并失真。往往人们看到的图像，已经是一个虚拟的世界，一个远离客观事实的世界。

数字化时代，是一个图像爆炸的时代，一个泛图像化的时代。数字技术让图像传播占据信息传播活动的主体地位。约翰·伯格[1]说，"历史上没有任何一种形态的社会，曾经出现过这么集中的影像，这么密集的视觉信息"。韩炳哲的结论是：我们已

[1] 约翰·伯格(John Berger, 1926—2017)，英国艺术评论家、小说家、画家和诗人，被誉为西方左翼浪漫精神的真正传人，主要著作有《观看之道》《看》《另一种讲述的方式》《G.》等。

"找不到任何没有影像、没有照相机的地方或者时刻"。他认为数字化时代,一切化身为图像,一切都是图像,被生产和被消费的只有图像。当进入 5G 时代,图像生成与传播的速度成百倍提高,一部数千兆的高清大片三两秒钟即可下载;欧洲的一场足球赛,万里之外的亚洲球迷在电视直播的视角之外,还可以听到阵阵掌声和喝彩声浪。确切地说,今天我们彻底被图像统治。20 世纪 30 年代,海德格尔[①]断言:"世界图像的时代"的到来,不是世界变成了一幅图像,而是世界被当作图像来构想和把握。他说,"根本上世界成为图像,这样一回事情标志着现代之本质。"[②] 当这一天终于来临时,高清图像成为生活的部分,也成为现代性的一个部分,由此衍生出审美疲劳和获取懈怠。信息过量带来的肯定性,让人们"遁入图像,以便让自己变得更好、更美、更鲜活"。但事与愿违,我们似乎正进入一个无比"平滑""好看"、没有否定性、

① 马丁·海德格尔(1889—1976),德国哲学家,20世纪存在主义哲学的创始人和主要代表之一,主要著作有《存在与时间》《康德与形而上学的问题》《荷尔德林诗的阐释》《林中路》《在同向语言的途中》《路标》等。

② 海德格尔.林中论[M].孙周兴译.北京:商务印书馆,2020: 98.

千人一面的世界。一方面从来没有看得那么真切、清晰，另一方面又看不到真实世界，看不清事实，准确地说只能看到世界的一部分，只能看到事实的部分信息而非全部，这就是数字社会带给我们的两面性和挑战——"图像已不是一事实"。

我们进入了"眼见不为实"的时代。元宇宙①、滤镜、美图、P图、剪接、渲染这一切数字技术，包括虚拟技术和设备，图像开始逃离"事实"，图像与现实之间的关联性和符合度越来越小。韩炳哲说："美图技术取代了宗教，成了我们赖以面对身体、时间、死亡这些真实生活元素的工具。"

> ① 元宇宙是利用科技手段进行链接与创造的，是一个与现实世界映射与交互的虚拟世界，具备新型社会体系的数字生活空间。

"美图的狂热"伴随在数字媒体时代的"去真实性"，让人们对图像产生不信任感。图像的记录者、创作者和传播者，焦虑于受众日益增加的不信任感和短暂的愉悦感，焦虑于图像低效的批判力和高效的关闭率。图像应用在商业领域，是资本驱动下的结果，其商业逻辑是通过篡改、美化、修饰，博取赞同，赢得流量，获取经济利益，成为走向不可救药的"平滑"的动因和推手。背后是"我"的主观意愿和价值判断，"我"将感官上的刺激或"美"置于至高无上的位置，无限制地取悦受众，最终丢失了"自我"，逐渐失去了价值判断的能力，包括对这个世界的看法。

在企业的仪式、活动和庆典中，图像已成主角。短视频、直播、一图读懂及图片展示，在文字作品面前显示出摧枯拉朽的绝对优势，成为观念、品牌和价值观"抢滩"的利器，成为一种语言霸权，是大流量新媒体产品的主要模式。企业作为有价值追求和有使命感的组织，其重要作用是帮助员工提升素质、塑造观念从而从精神层面促使企业目标达成，所以企业价值传播内核是没有"趋利"的属性。企业价值传播的这一特质，希冀全身心地囿于"事实"，保持粗粝的美和原味，又兼顾打磨"光滑"，在"事实"与"平滑"之间，在传统与现代的交替中，找到企业价值传播的内在统一。数字社会企业价值传播，需要找到属于企业自己的本真和本尊，需要找到图像与摹画实在那种共有关系。维特根斯坦说，为了自己的方式——正确地或错误地——摹画实在，图像必须和实在共有某种东西，这种东西是图像的摹画形式。图像的真或假在于它的意义与实在符不符合，否则图像就成为非事实图像，也就失去了存在的意义，即使图像美的一塌糊涂，因为它失去了事实的基本特征，不反映真实世界的基本情况，也就变成了一堆毫无价值和意义的数据，图像的意义也就寿终正寝。图像只有反映事实才有意义，维特根斯坦说："图像所表现的东西是图像的意义。"

一幅图像的创作，应戒骄戒躁地保持其原汁原味，而不是浓妆艳抹地修饰、添油加醋地附会。建立一种原创性，用原本的面貌，实际的现场，靠近本真的影像，亲近观众的情景，抓住美，抵达员工的内心。保持粗粝，还原"图像是一种事实"的本源。北京 2022 年冬奥会闭幕式上，"马兰花儿童合唱团"的孩子们，再次唱响奥林匹克会歌，这群孩子全部来自 2020 年刚脱贫摘帽的革命老区河北阜平县城南庄镇的马兰村，他们让世界听到了太行山深处的纯净甘甜的声音，也让世界看到他们稚嫩朴实的笑脸。用心去观察火热的企业生活，用手触摸企业的温度和那些动人的素材，返璞归真，画面自然会生出亲和力和说服力。在国家电投集团首部官方宣传片《转型奋进中的国家电投》① 中，不是用广场或者长城而是用高悬在生产车间里的国旗传递神圣感，不是用巨浪或者星空而是用活跃在核电现场建设者的航拍画面来诠释奔涌的未来。不是"万能镜头"，而是企业自己的现实画面，在此成为首选。

需要看见细节，细节需要被看见。苦恼有时来源于忘记员工，忘记到企业火热的现场中去。《航拍国家电投》② 的感染力，不仅在于航拍的俯瞰视角，大时空的跨度，也在于那些热电厂白墙蓝字写下的"以奋斗者为本"，垃圾发电冷却塔上的卡通画，镜头焦点于细节，然后把细节放大，让观众看到员工的一呼一息、一举手一投足，感受生命的律动。

① 2019年7月24日，国家电投集团2019年年中党组(扩大)会上首播。2019年7月19日，首届"绿动未来"媒体日首次面向社会发布。宣传片2019年7月25日国家电投集团官方微信号。

② 2020年7月10日，在第三届"好故事"品读会直播平台首播，见2020年7月9日国家电投集团官方微信号。

素材不是原封不动拿来就用，粗粝感也需打磨，在打磨中让图像不失波澜和内在冲突。毛泽东说："人类的社会生活虽是文学艺术的唯一源泉，虽是较之后者有不可比拟的生动丰富的内容，但是人民还是不满足于前者而要求后者。这是为什么呢？因为虽然两者都是美，但是文艺作品中反映出来的生活却可以而且应该比普通的实际生活更高，更强烈，更有集中性，更典型，更理想，因此就更带普遍性。"[①]基于事实的素材，经过创作者的整合、提炼和升华，形成强烈的共鸣。《我在》[②]的原始素材是平铺直叙，编制者对冗余进行删减，凸显最本真的意思，通过剪辑嫁接，把人物内心的起伏解码、翻译到影像中，"我"内心的本真和粗粝跃然而"在"。作为一档访谈节目，《十三邀》[③]打破"客观""中立"等姿态，代之许知远式的发问，带着"偏见"的模式开启对话，让观众在"冲突"中感受到思想碰撞的真情实感。

① 毛泽东.毛泽东选集（第三卷）[M].北京：人民出版社，1991：861.

② 2020年7月1日，国家电投集团纪念建党99周年表彰大会上首播，通过讲述该公司优秀共产党员的故事，集中展现了公司上下产业报国的决心和实践。

③ 《十三邀》是由腾讯公司和单向空间2016年联合推出的一档准直播访谈节目，一改传统新闻访谈节目客观中立的态度，以许知远偏见的视角，带领观众在与13位"社会切片"的人对话，观察和理解这个世界。

黑格尔说："对现实的抽象，就是对现实的毁灭。"从文字向图像，从去身心智向具身心智[①]，从精英主导向平民主导，这些趋向共同交织在一起。自尼采以后，"具身心智"的呼声一浪高过一浪。法国建筑师鲍赞巴克说："从古至今，人类智力的全部进步史呈现为不断走向愈加的抽象化，并在普遍性中消解特殊与个别的进程。在我的工作中，每当我重新回到感性体验的真实，我就会进步。因为，需要学习面向感觉采取行动，并把握感觉。"[②] 事物越具体越鲜活、越性感。

鲍赞巴克说："当我们设计建筑时，我们用身体思考"。个体对于群体而言，就是具体和鲜活。《十三邀》每一季邀请13位"社会切片"的人来对话，以个体的视角来观察社会，以对个体的充分解读来解读这个时代。"每个人都是一个整体，本身就是一个世界，每个人都是一个完满的有生气的人，而不是某种孤立的性格特征的寓言式的抽象品。"[③] 越是鲜活的个体，

[①] 身心智强调的是心智过程并非一种抽象的符号加工，而是植根于身体与世界的互动，离不开身体状态和环境条件。这一概念最初是哲学家对笛卡尔以降心物二元论的反思，是尼采、梅洛·庞蒂等人对贬低或忽视身体的西方意识哲学的反动。

[②] 陈嘉映.价值的理由[M].上海：上海文艺出版社，2021: 185.

[③] 黑格尔.美学 第一卷[M].北京：商务印书馆，1997: 303.

越拥有强烈的"事实"，越能够代表广泛的群体。发现个体，放大个体，在集体中带入个体，用个体来表现集体，使员工对自身价值的感受和对集体价值的呼应更为直接。《转型奋进中的国家电投》，以一个具有"水光互补"特质的双职工家庭作为开篇和收尾，让企业发展与员工个人建立起联系，员工看见了自己，看见了自己的事业和自己的企业，看见了事业和企业中的自己；让工业感的产业、技术有了烟火气，让观者看见了一个央企的态度、温度与诚意。《我在》则用7个个体，反映受表彰的230名优秀个人和99个先进团队，从卓越群体中找寻到合适人选。

个体的范畴当然不止于"人"，它还可以是一个时点或地点，是一处场站或工地，是一场活动或行动。从有价值观光环，合顺时代与行业趋势，富有个性张力等维度去找寻答案。"平滑"与"事实"之间的辩证关系，表明呈现的不能无序，也不能呆板；不能刚硬，也不能内敛；不能脱离整体，也不能丧失个性。《航拍国家电投》，20分钟片长，鸟瞰众多地理坐标、77个基层场站，带入与 3 万名员工有直接关联的场景：从黄河到黄海继而逆行于长江，终回京津冀，众多个体就流淌在这条地理"明线"上。与之遥相呼应的还有一条"暗线"，从清洁能源到火电低碳转型再到新产业、新业态、新模式的上场，这才有了 3 个火电厂蜕变的案例。个体的价值是永恒的，它作为集体代表的最佳性却是时刻的，是此时此地的，有时间的选择性。《国家电投的答案》是一个 MV，在 2020 年春节假期和远程办公的日子里打造成型，发布于疫情防控处于最紧要关头的 2020 年 2 月 13 日，产生了号角般的力量。这类"具身心智"的背后，是企业思想、观念、价值的构造，即思想是可以通过图像来构造的。企业的价值理念，包括管理思想和核心价值观，是可以通过图像的构造来直接表达的，并不仅仅靠干瘪生涩的语言，生动的图像完全可以构造出一副思想、观念、价值的图画，可以通过观看直接告诉员工。维特根斯坦说："思想在命题中通过可由感官感知的方式表达出来。"也就是说，思想的总和是世界的一幅图像。

　　"图像是一种事实"的根本，在于呈现多维度、多角度、多立面的全面性。展现出受众愿意看的或资本愿意让受众看的图像，图像在不完整性中具有特定的舒适性。把握图像作为"一种事实"的力量，需要呈现一个全面的整体，用全貌使真实具有可信性。全面性不代表把全部摆出来，更可以是一种"平滑"的带入或嵌入。点到但不说破，讲清却不多言。"还须弦外有余音"是朱光潜的一种美学观。图像的呈现也需要有空间，留下线索，让观众走进来，让他近距离地看到画面，融入景象中，经过大脑的二次加工，找到一种本真。航拍器在荣成到海阳 140km 的海岸线上飞翔，是反复呼应、多次交叉的地理表述，中国大型先进压水堆三代核电自主化的历史与未来在《航拍国家电投》中惺惺相惜。

　　数字媒体时代的"平滑"，实际上给图像的"全面性"拓展了内涵与外延。这个高速前进的时代，飞速迭代的技术、工具、设备、软件等，给我们带来烦恼的同时，也带来更多的红利。《航拍中国》的视角，在 10 年前是不可能轻而易举实现的。《航拍国家电投》，以前只能是一个想法，因无人机技术的升级和普及才得以实现。以动态视频、静态画面等视觉元素为核心，走心的文字、定制的解说、多元的音乐及人物原声、自然原声，伴随着叙事逻辑、情节设置、节奏变换等方面趋向高级迭代，综合这一切，使"图像"有了新的面貌，"图像是一种事实"有了新的含义。

图像作为一种事实，只是形而下的一种技术思维，由此给出员工需要的更多的接近全部的事实，最终回答一个"真"的问题。但进入数字社会，这个现代性的一个重要标志是"图像作为世界"，图像本身就构成了一个完美的世界，图像不仅是重要的媒介，它又是媒介的媒介，同时它就是世界的本身。图像已经上升为一种现代观念和现代意识。图像已不是图像本身，图像已是世界，"从本质来看，世界图像并非意指一幅关于世界的图像，而是指世界被把握为图像了。"① 海德格尔说，"一旦世界成为图像，人的地位就被把捉为一种世界观。"②

① 海德格尔.林中路[M].孙兴周译.北京：商务印书馆，2018: 86.

② 海德格尔.林中路[M].孙兴周译.北京：商务印书馆，2018: 103.

全 品 企 模 流 声 图 倾 平 常 真

员 业

块

载 媒

体 牌 体 化 量 音 像 听 视 识 诚

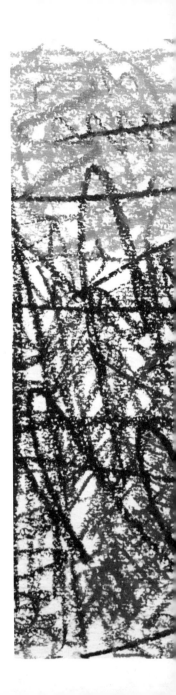

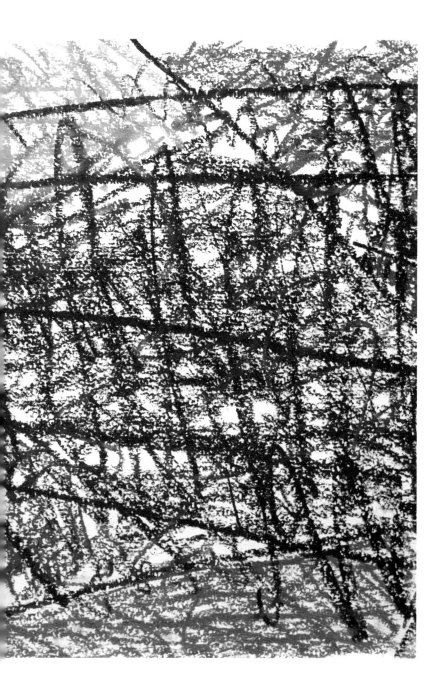

声　音

　　声音本质上是一种物理振动，也是一种权力载体。声音来自他处，来自外部，来自他者。数字社会，同质化如同恶魔，吞噬着"他者"，让"他者"的时代已然逝去。声音"否认""抑制"的否定性，越来越让位顺从于肯定性，人们听到的声音越来越少，同质化的噪声则与日俱增。

　　有别于工业社会的声音，数字社会里人们只愿听自己喜欢的声音。数字社会传播媒介首先从物质层面异化，产生新的物种，过去单一媒介，如钟声、广播、电视、报刊、剧场、电影院等正大踏步向数字融媒体迈进，信息冲破物质媒介的束缚，以数字化的形式海量出现，听觉媒体开始遭遇到视觉霸权的挤兑。图像也不再是维特根斯坦的"全部事实"，可修改让图像的否定性产生根本性的动摇。声音的世界变得异常嘈杂，同质的噪声在众生喧哗的数字时代占据主导地位，无限复制、居高临下，同质化让声音、图像的否定性越来越弱。

　　以往，声音在企业中是一贯而下的，不管你在哪里，你都能听到。声音代表着稀缺性、权威性和地方性，本质代表着权力。阿兰·科尔班〔Alain Corbin〕研究19世纪法国乡村地区的钟声，他从一万多个与钟声有关的档案入手，追踪1789年法国大革命对乡村地区根深蒂固的感官文化的冲击：革命前，乡村教堂的敲钟权掌控在教会手中；革命后，在新的共和政体下，村镇政府开始争夺敲钟权。[①] 表面上看，这是世俗政权和宗教神权的对垒，但带来的影响波及整个乡村社会，因为在乡村生活中钟声对每个人来说都太重要了。"钟发出的听觉信息比神像的视觉信息更具强制性，拥有更强烈的情感力量"。人们对钟声的依赖如同食物，这正是钟声的权利来源。当下，数字化重构生产结构和生产逻辑，改变了生产关系和劳动关系，企业冲出围墙，声音搭上肯定性的列车，从人们身边呼啸而过，带走权力依附的同时，将员工

① 欧宁.听觉的复权[N].信睿周报，2022—02—15.

置于嘈杂的舆论场中，从听一种声音到海量选择性的转折，仿佛一夜间完成。我们身处的当下是一个声音饱和的社会（sound-saturated society），让我们的听觉处于更严重的失权（power loss）状态。相比今天，19 世纪可以称得上是一个"稀声时代"，因此声音在当时传播中占据霸权地位。声音得以保存，印成文件、上传视频、媒体传播等都通过"云端"被原原本本地保存，成百上千的物理声音能否抵达员工的内心呢？同质化的扩散日渐严重，它的暴力因其肯定性而自现，员工失去了听觉权 [①]。数字化的全联网、全交际并未使人们容易遇见他者，社交

① 所谓听觉权，是指选择或拒绝某种声音的权力。

工具的进步，表情包的泛滥，智能 AI 语音的快速扩张，人们交往便利的同时，却剥夺了他者与我们交往的权利。韩炳哲说，"数字时代更便于人们从陌生者和他者身边经过。"声音不再是独一无二，同质化加速了声音的消亡。

过度肯定性让员工在同质化声音场中无法自拔，"忠言逆耳利于行"的古训已被淹没。企业价值理念尤

其是核心价值观的传播与塑造，现实嘈杂的肯定性声音，让员工无法产生更多的沉思与思考，声音无法在员工的身体驻留，价值观在个体记忆中无法形成。精准传播价值观需要不同声音，需要他者的否定性，企业的声音才会更加有锐度，声音才能成为一把"利刃"。

罗兰·巴特[①]用"声音的纹理"来描述声音的身体性，每个人的声音都不同，如同指纹、基因独一无二。然而，过度交际、过度信息、过度生产和过度消费，夺走了声音的身体性。韩炳哲说，"数字化媒体是'去身体化'的。它遮蔽了目光的交流，夺走了声音的'纹理'，使他者之语言、他者之思想、他者之时间纷纷销声匿迹。"声音不只是声带与喉咙的振动，还可通过现代科技进行模拟，即使你没有发声，现代科技也可以生产出我想要的任何你的声音，并运用互联网技术无限复制。无论是从物理层面还是从精神层面，真正的声音已经淡出我们的生活。

即便如此，这并不意味着声音权力的消失，在价

[①] 罗兰·巴特（Roland Barthes, 1915—1980），法国作家、思想家、社会学家、社会评论家和文学评论家，主要著作有《写作的零度》《符号学基础》《批评与真理》《文本的快乐》《流行体系》等。

值传播领域声音仍拥有不可争辩的地位。价值传播相比信息传递更多的是传递情感。声音融合了人与人、人与环境之间的关系，既是人感受周围世界的一种尺度，也是人涉入世界的一种方式。孔子将"乐"放在安邦治国的位置，提倡"礼、乐、御、射、书、数"六艺，认为"兴于诗，立于礼，成于乐"。在传播学的地图中，麦克卢汉认为媒介是人的延伸，影响在于"在我们的事务中引进一种新的尺度"，是媒介的形式对感官的作用。斯坦尼斯拉夫斯基要求年轻演员，用50多种不同的音调说"今晚"这个词。这些音调在表达思想情感细腻差别中"稍纵即逝"，虽然短暂，它是存在着的，是活着的生命。《帝王世纪》记述黄帝与蚩尤大战前，命令应龙和大鸿去抓两只神兽，分别是雷兽和夔牛，用这两只神兽的皮和骨头在50天内做成了80面战鼓，160根鼓槌，在涿鹿之战时，黄帝指挥80面战鼓一起擂动，黄帝的士兵听到鼓声勇气倍增，蚩尤的士兵听见鼓声丧魂失魄，蚩尤的军队还没有交战就已被振得没有了战斗力，黄帝趁机发起攻击，一举打败蚩尤。

这与其说是战鼓的传说，倒不如说是声音的传说，是先人对声音力量的一个臆测和神话。这意味着必须重视声音，把声音作为一个重要的企业议题，不仅是价值传播本身，而是学会用听觉去感知员工和企业自身，形成从声音的角度看待世界的习惯。

声音作为一种权力，既有制造声音发声的权力，也有吸纳声音加工声音的权力。企业认真听取声音的同时，也还需要注重发声，学会自然、自如地发声，而且后者同样是重要一环。任正非每月一次发表在华为员工社区的信，华为应对美国封锁制裁任正非主动面对媒体的侃侃而谈，国家电投集团新冠肺炎疫情期间给总部员工的十数封信等，都成了地地道道的"企业信使"——经由它，企业的价值主张、措施想法等有效地传播到每个员工和千山万水。梁启超1899年接受日本人犬养毅的建议，将学校、报章、演说定义为"传播文明三利器"。梁启超基于中国教育现状，认定"国民识字少者，当利用演说"。20世纪中国，无论哪个政党、派别或个人，进行有效的思想启蒙或社会动员，离不开"演说"这一声音利器。晚清迅速崛起的"演说"，不仅影响着政治、社会、学术、文化活动，甚至深刻影响中国的文章法度变革。那些落在纸面上的"声音"，包括演讲的底稿、记录稿、整理稿，以及模拟演讲的文章，对白话文运动和文章体式改进的积极影响不可小视。广场演说，不同于古已有之的著述，不能文绉干瘪，尽可能口语化，突出大思路，倾向于畅快淋漓。同时也深刻影响 20 世纪中国文坛乃至学界的风气。这些"演讲"，一旦整理成文，便于传播的同时，必然减少原本很重要的现场感——口音、语调、表情、眼光、手势，乃至演讲者的各种肢体语言。当回望历史时，才意识到声音如同空气、阳光和水一样，这些地球上最广泛不过但又长期被人类忽视的元素，在数字社会的今天浮出水面，露出真容，显现它的金贵价值。

有一种普遍、深刻、强烈而朴素的体验，是企业组织的习惯工作路径，从上到下的无需过多思考，不计得失的灌输。声音作为灌输媒介往往来得更直截了当，久而久之，员工会对这种"灌输"的声音产生抗拒和抑制。价值传播中，通过不同的声音，可以实现千万种不同的表达，需要找到有温度、理性与感性交融、贴近员工、易于接受的声音。每个人都是自主性的存在，强调自身的主体性，但当"他"出现时，他人的主体性，让"我"成为他人眼中的客体，"我"从主体变成了客体，我的自主性就消解了。"他"导致了信息错位，声音首当其冲。《禁闭》[1]描绘了一个场景，在没有镜子的密室里3个人用说话极力保守自身的罪行。但

> [1] 《禁闭》是法国哲学家、作家让·保罗·萨特1945年创作的一部戏剧。

当信息在语言和思考这两种介质中转化时，其本意已发生了偏折，说出去的话掺杂了音调的高低、音量大小、语句顿挫这一系列因素，他人接收到的内容与本意再次发生偏折，最终3人寻求解脱的努力失败，诞生了"他人即是地狱"的经典语句。哈贝马斯说，"教给我们如何在力所能及的范围内通过周到和体贴来降低他人的极度易受伤害性"。现代意义上，正义首先涉及每个人不可剥夺的个体的主体性自由，这是一种以主体为中心的正义观。需要警惕的是，过于委婉的

否定声音可能会绕上很大一个圈子，中间夹杂着积极的肯定，这种否定性往往会适得其反。这种现象构成德里达^①对逻各斯中心主义^②解构的两个部分："延异"和"替补"。"延异"是差别和延迟，"替补"是代替和补充。因为相比否定性人们更愿意接受肯定，加之声音在承载传播信息的过程中发生的偏折，及接收者透过肯定性添加的臆想，最后呈现的更多的是替补的内容，替补的内容是每一个人自己内心的想法，而不是他人的声音，否定性往往被"我只想听我想听的"刻意遗漏。

① 雅克·德里达（Jacques Derrida，1930—2004），法国哲学家，20世纪下半期最重要的法国思想家之一，他的思想在20世纪60年代以后掀起了巨大波澜，成为欧美知识界最有争议性的人物。主要著作有《论文字学》《声音与现象》《哲学的边缘》《立场》《人的目的》等。

② 逻各斯中心主义是西方形而上学的一个别称，这是德里达继承海德格尔的思想对西方哲学的一个总的裁决，即一种以逻各斯为中心的结构。"逻各斯"出自希腊语的音译，它有内在规律与本质的意义，也有外在对规律与本质的言语表达的意义。

　　声音的温度常常被我们忽视或忽略，但有温度的声音却总是动人心弦。"小喇叭开始广播啦！"那句奶声奶气的童声，伴随着多少人的童年，成为永恒记忆，是名副其实的"童年信使"。2019年王菲翻唱《我和我的祖国》，短短数个小时，点赞转发人数就突破亿级。

王菲的歌声中没有波澜壮阔，更多的是妥帖、温暖、朴素的清纯和甜美。《一席》[①]在活动的设计上同样突出声音，凭借着深刻的主题、有趣的故事和全媒体多形态的传播策略，在电视公开课和真人秀扎堆的演讲类节目中占有一席之地，获得了极大的传播量、社会影响力和品牌价值。它的舞台没有多余的元素和背景，尽一切可能放大声音的内涵，让信息通过声音得以加温，让声音充满感情和张力。和倾听、目光一样，声音也同样是一种媒介，它会削弱自我在场，甚至让所有主体的内心被打开一道门，他者便通过声音穿过这道门闯进"自我"。因为声音是一种感官文化，"全然他者""未知"便深深地刻在自我之中，声音在心中扎根。不仅仅是温度，声音中每一个特质，包括情感、音频、噪音等一切，都能看作为人的个体内在的共鸣和情感语言。声音是大合唱，更是交响乐章。人被一种声音触动和召唤，这种声音的鸣响越是纯粹，它就越发无声无息地通过那些有声有息的东西而隐约响起。

① 《一席》创立于2012年，平均每月1次，通过现场和网络视频等方式，分享知识、信息和观点的传播平台，鼓励分享"见解、体验和对未来的想象"。

《说文解字》中说，"音:声也。生於心，有节於外，谓之音。宫、商、角、徵羽，声;丝、竹、金、石、匏、土、革、木，音也。"声音首先是先于内心的，然后形成外在的节奏旋律，传递的是特定的信息。斯图亚特霍尔将声音作为让语言与意义融合的形式而存在。今天，法国乡村地区的教堂钟声已经成了一种怀旧的声音风土（sonic vernacular）。跟随传播媒体的迭代，权力已经从钟声上脱落，钻入其他宿主。声音作为一种媒介，传递信息与意义;声音作为一种物理环境，对人类的感官有直接作用。人们经由听觉过程，形成对声音环境的印象即声音景观①，除了依赖接近声音内容的文化心智外，还取决于听觉活动的涉身倾向，由于声音作为一种总是包围着人的触觉媒介，使听觉跟视觉比起来更加与身体关联。诞生于 1940 年的《猫和老鼠》动画，今天仍保持旺盛的生命力，80 年间七次获得奥斯卡金像奖。不管是偶尔出现的惊叫，还是贯穿全片的管乐、弦乐，在《猫和老鼠》

① 声音景观即声景（soundscpe），1968 年，默里·谢弗（R. MurraySchafer）不堪忍受温哥华的噪声污染开始研究声音，发明声景一词，发起"世界声景计划"，到欧洲城市和乡村进行田野录音，终其一生以写作、出版、教学等方式宣传他的声音生态学思想。

中，几乎没有一段完整的对白，声音随着剧情跌宕起伏，在富有表现力的图像背后成为一场声音盛宴。

使用听觉去感知世界，并磨炼我们的听力，以此感知和理解声音背后的权力，感知和理解声音背后的企业和员工。声音始于物理振动，有规则的振动产生乐音，无规则的振动产生噪声，但听觉事件最终归结到一个现场及周边的地理信息。地形地貌、山川河流、气候物产，人与自然的关系，声音与人及环境的关系，是声音地理学研究的重点。今天，众多学科都在认真思考"地方""地方营造"这一类概念。比如，从人文地理学的视角看，地方则是一个有意义的地理定位（meaningful location），这之上是人活动的场所，人首先会对这个地方定位，然后产生地方感。地方感与"空间"不同，后者不一定是一个地理定位，也不一定有人的活动，更不一定产生情感好恶。企业美学重点研究如何将"空间"转化成"地方"，在员工内心产生地理定位或地方感，以此凝聚我们的认同感。科尔班笔下的 19 世纪的法国村镇是典型的"地方"，它们如同海德格尔定居的小木屋所在的德国托特瑙山区，远离喧嚣浮躁的都市。进入全球化时代后，构成地方感的那些差异个性，因为人、物和文化的快速流动、融合和冲刷而被稀释。流动的空间无法凝聚人际关系、历史感和归属感，也就无法构成地方感，这被欧热定义为"非地方"（nonplace）。法国村镇的钟声把天、地、人、神连接起来，让人有扎根于此的感觉，钟楼也就成了这个地方人们的精神住所。所以，人人愿意捐资铸钟，家家愿意贡献金属，而且一定在当地铸造，用这样的钟声定义他们的听觉身份（auditory identity），让他们感觉心有所属。"国家电投好声音"活动，除了名字的命名凸显在地性外，参与的基本条件也非常简单：国家电投集团的在岗员工（包括外籍），唱两首歌：一首社会歌曲（中外不限）、一首企业歌曲（鼓励员工自己创作），把门槛放得足够低，力图让每个想参与进来的员工都能如愿以偿。为此，我们打破企业层层选拔的惯性，可以由网络平台直接申报。在演唱过程中，无论是第一轮基层企业的自我选拔，还是第二轮全集团分四个赛区向 13 万名员工直播，乃至最后决赛作为集团公司重要会议议程向全体员工直播，核心都是强调企业属性——国家电投集团的人在自己的企业内部，反反复复地演唱国家电投集团自己的歌曲，也就是"地方营造"，创造一个精神的归属感。企业要拥有员工喜欢的地方，一定要自己营造僻静之地，必须有一个自择的听觉环境。

　　什么时候意识到自己在思考，思考并非"不开口的自言自语"，如果你特别注意思考的过程，会发现脑海里似乎有一个声音承载着你的思绪。俄罗斯心理学家维谷斯基，将这一思考的声音称作"inner speech"，直译为"内心的演讲"。脑中的声音此时作为自己与自己的沟通方式，声音成为思考的媒介。当《航拍中国》的旋律配上李龙滨的解说，不用看影像，人们的脑中就下意识地"切换"到了中华大地的磅礴美景。基于此，《航拍国家电投》用了同样的配乐，同样的解说，不同的是广袤的中华大地变成了一个能源企业庞大的清洁能源网络，声音的潜移默化将一个企业战略与美丽中国相连。海德格尔说，"思考"直面一种声音，并让自己被声音定调、规定：这种听并不仅仅关乎耳朵，而且也同样关乎人对那种东西的归属，人的本质就是依照这种东西而被定调的。人始终是按照那种东西而被定调的，他的本质就是从这种东西而来被规定的。

美国有一个地球上最安静的房间，听不到任何外界声音，这里是美国宇航员训练的地方。在那里，人们感知能力会大幅降低，觉得时间过得特别漫长，各种负面情绪容易出现，时间越久情绪就会越暴躁。人是群居动物，突然听不到任何声音，心理上会不自主地认为身体与世界隔绝了，陷入极度孤独之中，正常的人能听到各种声音，这里却没有任何声音，就如同被丢进无底洞一样恐怖。声音是我们生命中的盐，有它不显多，没它无法生活。

"我的时代还没有到来"，尼采[①]以此回应《查拉图斯特拉如是说》的惨淡销量。真诚、常识、平视、倾听、图像、

① 弗里德里希·威廉·尼采（Friedrich Wilhelm Nietzsche，1844—1900），哲学家、语文学家、文化评论家、诗人、作曲家、思想家，主要著作有《权力意志》《悲剧的诞生》《查拉图斯特拉如是说》等。

声音等成为一种新生价值体系，成为价值传播的灵魂。
"我的时代已经来了"。声音就如同空气和阳光一样，
随时随处可闻、可听、可感，而且珍贵至极。声音在
物理世界、虚拟社会、元宇宙，正在扮演一个"王"
者的角色，在数字传播时代，它就是如此，是价值和
准则。可以想象，"我"首先听"他"，而不是听"他
这个人的声音"，人比我们感觉的人声更贴近于我。

《地图Ⅰ》局部

全 品 企 模 流 声 图 倾 平 常 真

员　　业

　　　　　块

载　　媒

体 牌 体 化 量 音 像 听 视 识 诚

流　量

　　流量是当今世界的标签。它可以将一个 APP、一次网红带货和一场民主选举联系在一起，是大众化的一个基本属性和量化的核心标志。流量不一定能代表真理，也不一定正确。今天，把流量看得如此重要，除历史的基本逻辑，流量折射出一种普遍的社会需求，是当今功绩社会的一个缩影，成为各行各业描述受关注程度的关键指标。流量是一个数字记录，它要求的是"点赞"，不需要否定性，也不带任何阻力。对于企业而言，这种不带任何阻力的流量，成为衡量企业价值传播成效的一个标尺，背后是员工关心关注的程度。一定意义上说，流量即大众化。

　　数字社会遵循人群汇集、流量、利益、资本这一逻辑，其中流量扮演独一无二的角色。流量在资本的加持下，直播平台正取代商业街，带货主播正取代实体店，视觉和听觉取代触觉和嗅觉。埃塞俄比亚的咖啡、马里的黄油、喀麦隆的白胡椒、科摩罗的香草、马达加斯加的藏红花和塞内加尔的花生，这些远在大洋彼岸的商品，被一一搬到网络上，联合国副秘书长兼非洲经济委员会执行秘书薇拉·松圭参与中国电商平台的"直播带货"活动，亲眼看到3000包卢旺达品牌咖啡瞬间被中国网友一抢而空，而直播另一端的卢旺达农民甚至还没有说完咖啡的产地。如果把松圭看成是一个公司，众多粉丝是他的公司员工，成交量是所有粉丝堆积叠加成巨大流量后的产值，卖出去的非洲特产带来的收益就是企业的净利润。

企业作为一个相对独立的社会组织和经济组织，稳定的组织结构，统一的企业文化，科层式管理模式，在一种特定的思想观念体系驱动下，朝着一个确定方向前行。发动员工、组织员工、宣传员工、鼓舞员工是思想工作，也可称为群众性工作，与之相对应的员工参与数量即流量，流量也就成了群众性的代名词。流量的观念和思维即群众路线。流量越大，触面就越大，传播就越广，受众就越多，价值传播的价值就越大。

今天的员工已不是过去熟悉的模样，互联网普及后出生和长大的人们正成为员工的重要力量，一股新生力量，数字社会的时间、空间、学习、读写、供需、选择等时序正发生质变，由此员工队伍思想观念和价值取向发生转变。员工"取关"公众号，关闭信息通道，期待逃离，对信息缺乏耐性，不主动转发，主动逃离朋友圈等，已经比较常见。标题不吸引眼球，封面设计不引人入胜，员工手指轻轻一滑，一条精心制作的微信链接就此淹没于信息之海。员工拿出时间来，参与公共性活动，参与的人数和关注的人数即为流量，此时群众性等于流量，流量即群众性。可以肯定，没有流量就没有关注，没有关注就谈不上群众性，价值传播也就无从谈起。

数字时代，时间越发珍贵。一个人一天有24小时，这是时间的上限，也是流量的上限。流量资源成为企业的稀缺资源。流量的本质，是企业与员工在个人时间上的争夺，是一场时间的争夺战。这场战役的主战场，不在价值传播者那里，而在员工自身，在数字社会每一个个体。数字社会已从福柯[①]的规训社会，演进到功绩社会，成员已不再是"驯化的主体"，而是功绩主体，他们是自身的主人和统治者，我既是剥削者，同时也是被剥削者，是两者的合体。韩炳哲说，"功绩主体投身于一种强制的自由，或者说自由的强制之中，以达到最终的目的——效绩的最大化。工作和效绩的过度化日益严重，直到发展成一种自我剥削。这比外在的剥削更有效率，因为它伴随着一种自由的感觉。"[②]当生产达到一定的发展阶段时，禁令规训、法则达到了极限，因为它们起到的是阻塞作用，妨碍了继续发展。这时，规训范式转化为功绩范式，因为自我驱动更加有效率、更多产。这种功绩社会的自我内在驱动，自己剥削自己，核心是自我对待时间的态度发生质变。我对自己的剥削是自愿的，是发自内心的，最终表现为我对自己时间的压榨，每个人对时间的态度表现得格外吝啬和小气。

① 法国哲学家、社会思想家米歇尔·福柯（Michel Foucault），运用权力谱系学的方法分析现代社会新型权力机制，提出"规训权力"的概念。福柯认为，在现代社会中，人的身体或肉体通过监视、纪律、训练、治理和操控等手段，成为被驯服的驯良的对象。

② 韩炳哲.倦怠社会[M].北京：中信出版集团，2019: 20.

数字社会让个人时间和工作时间彻底重叠、无法分割。每一个人不自觉地跟随时间奔跑，主动内卷，自恋般地剥削自己，个人最短缺的不是金钱，而是时间。就中国而言，员工法定假期包括调休在内有 30 天，周末休假约 100 天，还有福利假期和部分休假的假期，可是个人感觉最短缺的依然是假期——属于自己的时间。我们在员工那里要流量，无疑是向员工要时间，要员工个人的时间包括假期。此时，即使在工作岗位上，即使正在工作，本质上那也是员工的时间。数字社会，流量遵循着从"洞察到击穿"的过程，找到对的人、在对的场景、给对的内容，进而击穿用户，流量才有可能变得有价值。2015 年国家核电和中电投集团两家骨干央企重组整合，初期黄金窗口时间进行企业文化全员宣贯，重点打造"国家电投好声音"品牌，采用的是员工喜闻乐见的音乐。"音乐是不假任何外力，直接沁人心脾的最纯的感情的火焰；它是从口吸入的空气，它是生命的血管中流通着的血液。"① 音乐直

① 出自弗朗茨·李斯特之口。弗朗茨·李斯特（Franz Liszt, 1811—1886），匈牙利著名作曲家、钢琴家、指挥家，伟大的浪漫主义大师，是浪漫主义前期最杰出的代表人物之一，创建了背谱演奏法，有"钢琴之王"的美称。

接介入、参加员工的生活，员工把时间给音乐的同时，也就把时间给了企业和流量。"组织＋网络"双通道引导 13 万名员工全员参与，员工自己创作一首歌曲或学唱一首歌曲，一部手机轻松实现报名、学唱、创作、录制、上传和投票，网络平台报名演唱的员工由第一届 1225 人、第二届 2461 人，增加到第三届的 2800 人。员工自己独立地创作一首歌曲，与自己的心灵对话，抒发主观情感，无疑是员工自己打开心扉的一把钥匙。这种交互性和参与感带给员工全新体验，透明、公开、公正，进一步放大员工参与的比例和氛围。

古时赶集、庙会，当代商业街、购物中心，无论是商人还是艺人，都会找寻人群最密集的地段进行展示。临街商铺或好位置的摊位，因客流量大更易促成交易，最早被看重的流量是自然地段。战国时期商鞅立木建信、状元骑马游街、2020 年朝韩互寄气球传单，不难看出流量只是一种表现形式，其核心是人群，是在特定的"场"中通过不同范式汇集起来的群众数量。制造"场"俘获粉丝，做大"数字群"，以某种范式引导"数字群"形成流量。资本助力流量，流量反哺资本，流量最终变现为商业收益。可见，流量不是冷冰冰、干巴巴的数字，而是热腾腾的利益，背后是消费者被征服、被占领和被消费。企业里价值传播对应的流量，与数字社会一般意义的流量有着质的区别。企业价值传播的流量，只是需要员工的广泛参与，无需资本的介入和助推，也不需把流量变现，企业价值传播的终极目的不是利益，而是员工坚守沿着企业理想前行的信念、情感和执着的心。"国家电投好声音"，每位歌手一分钟视频介绍与歌曲背景、内容、画面、场景的呈现都是国家电投集团企业文化的具象化，同时把中国红、能量橙、梦想绿和创新蓝等企业性格色彩，应用到主视觉、节目单、微信公众号和总决赛环境布置上。"国家电投好声音"出品的每一个作品、每一场比赛，员工都能感受到艺术韵味和文化气息。员工在音乐中，忘却自己和时光，才把自己的时间尽情给出。

数字统计时间精确到"秒",颗粒度上精确到"人",流量可监测性前所未有的强大，实现了数据化和可即视化。一个作品多少人看、多少人点赞、多少人转发，系统实时更新、一目了然，数字技术毫无表情地告诉你。流量成了不容忽视、无法回避的一把标尺，让价值传播可量化、可衡量。从江河入海奔腾不息的自然现象，到大航海时代显示一个港口繁荣程度的吞吐量，再到发电量，成为一个国家经济社会发展的晴雨表，量化的流动性成为世界活性的代表。今天，流量的登堂入室，性格表现尤其张扬。新冠肺炎疫情期间网络购物、移动支付、线上线下融合等新业态新模式，为新型消费构筑数字化生存方式。2016 年第一届"国家电投好声音"决赛直播，15 万人次收看。2017 年第二届总决赛，43.45 万人次在线观看，相当所有员工一家三口人都看了这场直播。正如恩格斯所言，"音乐是生活中最美好的一面。"面对自己创作的音乐，员工愿意把时间拿出来，自己欣赏，自己娱乐："我要上线"。

数字社会人从线下转到线上，面对面变成了屏对屏，利益开始转场。信息被数字化后，手机、电脑、智能手表、蓝牙耳机等成为接入互联网、输入输出数据的通道。大众从来不满足于被动消费，而是主动加工和传播信息，信息过量带来肯定性过量，加速了"数字群"的汇集和利益转场。"数字群"因某种因素仓促"汇集"在一起，又快速地消散，反复无常是它的特征。更多的信息未必能带来好的决策，随着信息量增加，大众判断能力却渐渐枯萎[①]。熵增干扰了大众判断，降低了大众智商，影响了大众分析，一定程度上，数字社会使"乌合之众"变得具有普遍性。在韩炳哲看来，我们正处于一个关键的过渡时期，数字变革让大众变成了没有灵魂、没有思想的"数字群"。一件事情网络发酵一定是两种观点对峙，在彼此争吵中真理消失了；直播带货购买行为和消费举动的夸张、疯狂，理性似乎不复存在。企业价值传播需要赋予自己理性，给价值传播以理念、价值和定力，让员工参与企业文化传播过程中，有企业自己的价值坚守，而不是模棱两可或随波逐流。首届"国家电投好声音"正值"和文化"刚发布，明确"唱响和文化，秀出好声音"这一主题，征集原

① 韩炳哲.在群中—数字媒体时代的大众心理学[M].北京：中信出版集团，2019: 19.

创作品 244 件；第二届"好声音"，绿色发展理念深入人心，以"我们绿动未来，我的绿色梦想"为题，原创作品 262 件，创作了《绿色》《和风吹来》等优秀歌曲；第三届"好声音"，弘扬"建设具有全球竞争力的世界一流清洁能源企业"这一主旋律，确定"世界一流，绿动梦想"主题，征集原创歌曲 167 首，创作了《世界首堆》《启航新时代》等一批优秀作品。"国家电投好声音"，以演唱员工原创歌曲为主体，聚焦和放大主题，也就是企业核心价值理念。员工原创作品，是对企业使命、愿景、核心价值观的深刻理解与洞察后的再创造再升华，非常接地气，作品容易在员工心中产生共鸣，也最容易被员工传唱。信息被传播产生价值，传播被关注实现价值。

媒介比信息更重要，每一种新媒介产生，都开创了社会生活和社会行为的新方式。麦克卢汉 ① 断言，媒介是社会发展的基本动力，也是区分不同社会形态的标志。今天看来，麦克卢汉所说的媒介，主要讨论的是大众

① 马歇尔·麦克卢汉（Marshall McLuhan，1911—1980），20世纪原创媒介理论家、思想家，主要著作有《机器新娘》《古登堡星系》《理解媒介》等。

媒介（mass media），关注的焦点是电力
媒介（electric medya）①，某种程度上
可以视为一种特殊的"场"。创立、塑造、
维护这个"场"，将群体置身于其中，通
过特有范式，吸引、汇集群体，让流量与
价值传播完美结合，最终实现价值传播的价值。在企
业里，流量不是单纯的数字，也不是孤立无援的人数，
而是一种态度、意识和观念，是数字社会群众性的新
概括。

① 麦克卢汉对电力媒介的着眼点主要包括：速度（瞬息万变、超越时空），整体场（统一知觉），内爆（相互依存），以此描述人再次成为部落人的基本前提。

全 品 企 模 流 声 图 倾 平 常 真

员 业

载 媒

体 牌 体 化 量 音 像 听 视 识 诚

模块化

数字通信技术日趋发达，想象力被过量信息填充，改变了人们对价值传播及内容的期许。在这多元、去中心化、透明、瞬息万变的数字社会，企业价值传播手段迭代难以追赶变化的速度，观念和思维范式亟须革命性变革。以用户为导向，生产和传播多样化与个性化的传媒产品，需要新的组织形式来提升传媒产品质量，重新建立与用户的连接。此时，"模块"因其独立、宽余、通用、批量化生产，和可无限复制、近乎零成本的本质以及高效率，成为这个时代治理的重要方法和思维。

模块是各具特色的事先精心打磨的具有"统一接口"的"标准化"价值传播单元。模块化则是将众多基本模块统筹应用的一种思维和观念。模块化成为数字社会基本的生产方式，是一种思维方式和观念范式，某种程度上也是一种价值。模块化最终汇聚成一个意想之中而在机械时代无法实现的终极产品，并演进为一种观念方法和价值。

模块化的价值传播，本质是用数字化技术使模块的制作、统筹、组装等能力达到质变的跃升，基础是每个模块日积月累的打磨。模块打磨需要精工细作、精雕细刻，然后才是灵活组合、即插即用。模块之所以能够组合，是因为企业内每个模块都有共性的特质属性，同样的价值观和文化，同样的企业边界、产品边界和组织管理边界，同样的话语体系和人员边界，相互之间有包容性。模块间的不同体现在原创性、生活性和自身个性，模块既各自有棱有角，有自己的个性和功能，相互间又兼具咬合力。模块的每一种组合，能面向不同的员工受众，实现个性化的呈现和"针对"。每一次组合即是一种创新，都是量身定制，具有否定性。

模块概念与生活对应，是"商业摩尔"（一种新型的复合型商业业态，规模庞大、功能齐全，集购物、休闲、娱乐、饮食于一体）。北京王府井的东方新天地，前门的北京坊，上海爱琴海购物公园，人们走进这些商业摩尔，从购物、餐饮、书店、美术馆、娱乐、亲子、超市等不同模块中得到某一方面满足，各类服务模块组合在一起，制造一个全新的场，给出一种全新的欲念，从而创造一个全新的消费体验和心理满足。同样 1 份浓缩咖啡，加 1.5 份牛奶即为拿铁，加 0.5 份牛奶和 1.5 份奶泡就是卡布奇诺，加 0.5 份奶泡又成了玛奇朵，组合本身就是奇迹，会有千变万化的魅力。汉字、英文字母、秦砖汉瓦，看似为重复地堆砌与组合，成就辉煌的文明和气势恢宏的亭台楼阁。人类的语言就是模块。一个一个汉字构成词语，词语构成句子，再构成完整的叙述语言，汉字组装起来就是一个全新的东西。一个句子我用是实指，别人再去把它读出来消化理解就变成了虚指，变成他的想象力。从一个汉字、一杯咖啡、一块蛋糕、一瓶红酒，到一台机器、一个居家、一间工厂，再到一个村落、一个社会组织、一个互联网平台，今天我们目能所及的所有物件、生活、组织和社会，世界上任何一个事物，都由一个又一个基本单元，或者我们认知的基本单元组成。离开这些基本单元，事物就不成为事物，组织也无法成为组织，世界就无法构成世界。单元和单元，模块和模块，它们一同搭建成一个我们熟悉且陌生的世界。模块是世界的单元，模块是世界的构成。

"有围墙的花园"是对现代企业的一个形象比喻。马克斯·韦伯在《新教伦理与资本主义精神》中指出，科层制本身可能会压制一切私人首创精神，但科层制乃是导向理性资本主义的诸要素之一。原因是将高效率放在第一位，人的创新精神被忽略。在这一过程中，劳动渐渐地被异化，工业时代人是机器上的一个齿轮，变得和机器一样，人可以随时被替代。韦伯说，启蒙思想中的理性主义激发了现代的变革，塑造了我们的现代世界，带来了工业革命和科学革命，但也带来了现代化的弊端：即人格心灵的危机与社会政治的困境。福特汽车创始人亨利·福特认为，我雇的不是你这个人，而是你这双手。劳动应增加人的价值，实际是"物的世界的增值同人的世界的贬值成正比"。1948 年，乔治·奥威尔[1]写

① 乔治·奥威尔(1903—1950)，英国著名小说家、记者和社会评论家，代表作有《动物庄园》和《一九八四》。

了幻想小说《一九八四》，表达他对未来可能的技术专制社会的恐惧和忧虑。而当下我们面临着同样的技术困境，在"技术进步等于社会进步"的进步共识基础上，人类今天面临着两种意义上的技术化，一种是精神意义上的技术化，我们的精神世界已经不断被算法、互联网、大数据所控制；还有一种是身体意义上的技术化，通过生物工程、基因工程、疫苗接种、化工产品及其所造成的环境激素，我们的身体不断被技术化改造。现代技术已经成为一种人类难以控制的自主的力量。

进入数字社会，模块化从一个特定的维度，解答了韦伯难题，给出既高效率、高收益还有无限创造力的思维模式。数字社会是透明社会、肯定社会和功绩社会，我们生活在一个充满肯定性的功绩社会中，每个人都自愿地剥削自己。规训社会充斥着禁令、戒律和法规，而功绩社会是一种具有积极属性的社会，充斥着"是的，我们可以办到。"它是一种"兴奋剂社会"，人们过度积极、过度活跃，片刻停不下来。功绩主体不受外力强迫。每个人在自我实现过程中精疲力尽。与此同时，数字技术正从单纯监控向主动操控过渡，人们凭感觉做出的所谓"自由决定"很可能是被操控和投喂的结果。

数字社会为模块化进行"加持"，模块化为这种自我剥削找到一种新路径和思维工具。价值传播的全过程，从创意、决策、设计、生产到传播，再到具体生产流程，是以模块化逻辑解构和解困的，一个庞大的体系实现变得相对轻松。数字化、模块化让价值传播形神兼备，应有的价值传播初心不会缺席，重要的内容不会遗漏。新兴数字媒体导致传播生产主体多元分散，主流媒体的垄断地位被打破，用户、专家等各层级人群成为传媒产品的重要来源，引发分众化时代到来。基于不同读者阅读兴趣的垂直内容，构成了传媒在呈现内容上的驳杂与多变。传统媒体由文字、图片、视频、声音等载体组成，数字化媒体在模块的加持下迅速进化，最典型的就是报纸。铅字排版时代，手写稿件编辑稿送印厂，工人据此挑选铅字、排版，排好每篇文章后出报纸小样校对，到大样、清样再到送审，这中间是繁琐复杂、多流程的漫长过程。今天，这一切因数字化发生质变，数字文档、数字编辑、数字排版，版面的一切都可随时任意修改、复制、粘贴、调整，大量可视化图表、美图、二维码可同时出现，铅字时代的编辑逻辑被彻底颠覆，《纽约时报》、BBC 等媒体甚至运用 MR、VR、AR 等前沿技术呈现。《纽约时报》运用 VR 技术报道战争对儿童的影响，还计划拓展到难民、埃博拉病毒等主题。今日头条、腾讯开始使用机器人进行新闻写作。传媒技术的导入，让先前以文字和视频为核心的表达手段发生变化，它们通过在内部添加技术模块实现了这些内容的生产，生产内容的模块化和传媒技术的模块化同步迭代更新，这就是今天新媒体、数字媒体和融媒体这些概念的内涵，技术平权和内容边界双双破圈。

大数据让每个人的隐私、自由以及财富产生千丝万缕的联系，也让人们前所未有地"透明"。超高清带来了边际和界限的消解。边际和过道是秘密和谜题的领地，也是他者诞生的源头。边界一旦消失，对他者的想象也就一并消失。失去了边界的否定性以及对边界的体验，想象便会萎缩。在韩炳哲看来，文化中充斥着对比和比较，根本不允许"他者"的存在。我们时刻把所有事物拿来比较、归类、标准化，为"异类"寻找"同类"，因此失去了体验"他者"的机会。针对"他者"的消费是不存在的。价值传播的模块化，有效化解了无"他者"的体验，每一次组合创新，都是踏着时代节拍，又把握住了企业价值的关键，随时随地给员工以惊喜。

人工智能阿什比定律表明："任何有效的控制系统都必须和它所控制的系统一样复杂。"现在人工智能形成的场景非常复杂，所以相应的控制系统必须和它一样复杂。认知科学家玛格丽特·博登提出组合式认知力、探索式认知力和变革式认知力，这三大认知力的基础是模块化。如 AlphaGo，能战胜人类的围棋棋手，用的就是组合式创新力和探索式创造力。组合式创新力把所有棋谱组合起来，进行排列，在此基础上再发展出新的棋谱。

价值传播经常会遇到的难题是找不到合适由头，或同质化严重。将一个个模块打造成精品，"组装"成"爆款"，继而成为价值传播的利器。《衢州日报》作为一家地方性媒体，通过对时政新闻宣传策划模块化运营的实践，解决了时政新闻枯燥、版面呆板和容易碎片化的问题。在大栏目不变的前提下，变化出"聚焦"系列"子"栏目，其实并非真正的子栏目，而是母栏目的一种模块化演变。不是首尾相连的关系，而是同步运行，也可交叉出现，丰富版面形式，又增加了阅读信息量。京东定制 7 大模块化方案，解决了仓储物流通路的痛点难点，让当天下单当天送达成为可能；腾讯平台以即时通信功能模块为基础，通过添加游戏、新闻资讯、电子商务、在线支付等模块，实现从通信服务向广义的生活方式服务的延展。企业年度工作回顾类报道，采用"数字标题＋正文＋二维码＋采访手记"的方式，表现形式让人耳目一新。

价值传播是做人的工作，需要长期自我修炼。石涛①说，"无法之法，乃为止法"。画家到了一定境界，不为方法所

① 石涛(1642—1708)，明末清初著名画家，他既是绘画实践的探索者、革新者，又是艺术理论家，存世作品有《石涛罗汉开侧页》《搜尽奇峰打草稿图》《山水清音图》等，著有《苦瓜和尚话语录》。

束缚，所有的方法都为我所用。运用模块化的思维和方法，打造一个"场"，让员工沉浸其中，这种体验一定是开心的、愉悦的，也一定是自发的、主动的、发自内心的。

　　不管渠道如何变化，即使数字技术统治了媒体的今天，内容依然是传播的核心要素。关键还是在于制作出企业资讯，特别是高质量的企业资讯。在信息生产超载的传播环境中，内容的采集、阐释、提问等专业素养依然是关键的关键。模块化思维模式突出企业价值传播的共性特点，是完全可以创造出一个新天地的，但关键还是要看我们是如何用好、用足、用够这种观念和思维，把自己武装到位，有充足的"炮弹"、有过硬的内功，日常又苦于下功夫，一旦"战斗"打响，就能灵机一动，灵光乍现，以模块为材料构筑一座瑰丽的大厦。

《地图Ⅲ》局部

全 品 企 模 流 声 图 倾 平 常 真
员 　 业
　 　 　 块
载 　 媒
体 牌 体 化 量 音 像 听 视 识 诚

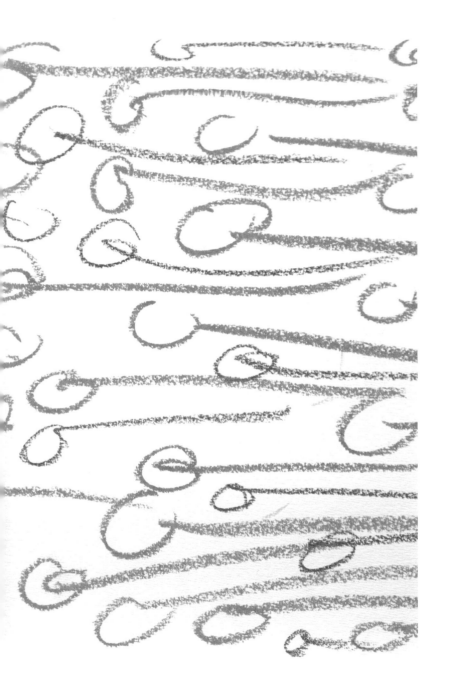

企业媒体

企业是主体边界、目标任务清晰的经济组织，企业媒体不同于社会媒体或大众媒体。企业媒体没有市场压力和利润要求，无需过多考虑发行量、广告、利润等经营性问题，因此几乎没有生存的后顾之忧；受众相对固定、明确，即"员工＋客户"；传播内容相对单一、可控，任务清晰，定位明确，结果往往可以预知；企业媒体从业队伍有相对稳定的成长性，可以有序培养、激励和使用等。

无论社会媒体如何风云际会，企业媒体都可以按照社会发展和企业成长的脉络走自己的路。如今纸质媒体大有退出舞台的趋势，在企业那里却有着独特优势和生存空间。《南网知行》杂志2019年7月创刊，单月发行一期，迅速成为南方电网企业文化传播的重镇。2019年1月，《国家电投报》创刊，以每周1期、每期至少8版的节奏，成为13万国家电投人热捧的读物。人们在茅台集团的酒店、办公楼会看到最新一期的《国酒茅台报》，从一个内部视角了解茅台集团的发展现状。纸质媒体在企业内部一枝独秀、生机勃勃，说明企业媒体有其特殊性和独有规律。当然，内中也有媒体自身生态等演进，纸质媒体也不是往昔的概念，它也成了数字媒体的"内容"，甚至也演化为数字媒体的孪生子。

数字社会给了企业媒体一个大时代。数字社会媒体概念的泛化，运营实践的多元，削弱了限制，磨平了门槛，打开了视野。但企业媒体与社会大众媒体的本质区别，在于两者权力运作方式的巨大差异。福柯说"话语即权力"。现实情况看，今天任何企业都可以兴办多种多样的企业媒体，每个员工通过智能手机可以随时随地接受信息。一个不足百人的小微企业，它的微信公众号受众可达几万人。华为高管以电子邮件形式向员工播撒价值理念，电子邮箱成为媒体。国家电投集团将企业微信装在员工手机上，企业微信APP也成了媒体。企业媒体数字化发生的深刻改变，更加灵活、丰富和多样，企业不再为媒体形式限制而纠结。

与此同时，媒体释放了巨大的张力，在内容生产上，来源丰富、极易操作、选择多样，文字、视频、动图、音频等信手拈来、随意组合；在受众的覆盖上，数量实现几何级增长，效率则完全分秒可达。数字化技术的背后是对员工的赋权：每位员工都可以通过智能手机，享受信息发布和接收信息的权力。这种权力也可以被认为是话语权的一种，最终落到了每位员工头上，使得企业媒介传播由工业社会的角斗场式结构＋金字塔结构，组织层层赋权，转变为数字社会网络拓扑结构＋金字塔结构共存。话语权力分布的改变，导致媒体传播的结构随之改变，企业媒体的生产方式也由此发生改变。

传统电子大众媒体如广播、电视等，它们的结构呈角斗场式，有一个辐射中心，也就是权力中心，只能单向交流，员工作为信息接收者是被动的，当然也无法形成互动。数字媒体就完全不同，它是网络拓扑结构，我们每个人与世界是等距离的。世界是一个硕大无比的球，我们每个人则是球心，每个人距离球的表面都是同样的距离，预示获得信息的权力也是一样的。过去需要代言、需要媒介，今天我们交流不需要谁来代言，也不需要媒介了，员工就是媒介，就是代言人，同时也是读者。

实际上，传统媒体并没有也无法形成与新媒体二元对立的格局架构，它本身只是数字社会媒体大家庭中的内容之一。真正的内因在于，新媒体已包覆一切介质本身，即一切介质都含在新媒体中。正如麦克卢汉所说"媒体即讯息"，它其中一个重要含义是"一种媒介是另一种媒介的内容"。传统认知的纸质文字版《国家电投报》，恰恰变成数字《国家电投报》的内容，而且拆解开来以各种内容出现在网络中。我们没有意识到的根本原因，在于"任何媒介的'内容'都使我们对媒介的性质熟视无睹。"麦克卢汉说，没有一种媒介具有孤立意义和存在，任何一种媒介只有在与其他媒介的相互作用中，才能实现自己的意义和存在[①]。从这个意义上看，所谓传统的报纸、杂志、广播、电视、网站等，也已不

① 马歇尔·麦克卢汉.理解媒体—论人的延伸[M].南京:译林出版社,2019:12.

是真正传统意义的那个报纸、广播和网站了，已经被数字技术改造、融合和加持。每一种传统媒体几乎是所有现代媒体的集合，所有现代媒体技术、数字技术和平台都可以为所谓的传统媒体所用，所有数字技术都是开放的、共有的、平等的。只是由于传统和人们记忆的特殊偏好，还一直把它们作为传统媒体来看待、认知罢了。

企业媒体在数字技术加持下，有自己的天地和世界，但事实也并非想象的那样乐观。在福柯笔下，工厂是典型的规训社会。工厂的围墙将外界隔离，工厂内依然留存着工业社会的影子，以提高生产效率为目的，将员工强制规训在生产岗位，科层制的管理，让个体服从标准成为工厂的底层逻辑。围墙外，数字社会重新定义人的生活，铺天盖地的信息让我们沉浸其中，生活在自我愉悦、麻痹和膨胀的肯定性之中。一边是躯体的约束，一边是精神世界的自由，员工在这两种对立形态中游移，个体意识觉醒，观念接近自由，躯体却仍然无法摆脱科层制的束缚，这种矛盾映射到员工内心，导致员工们对企业价值传播的游移和不确定。

社交媒体萌芽于现代通信工具和展示屏幕上，本质是数字社会人们新型生活方式的衍生。社交媒体作为新的媒介、工具和方式，蕴含着巨大力量。2016 年7 月，土耳其发生军事政变，军人控制电视台、电台等传统媒体，此时总统埃尔多安使用移动社交媒体发声，通过召集支持者、宣示领导力迅速稳定局面。新媒体被赋予新优势，但也有其先天不足，如碎片化问题。新媒体与时间赛跑，新媒体在抢夺受众时间，而只强调差异性，整体性退居其次，甚至被忽视。自媒体一心谋求市场影响力，追逐商业利润，不太在意境界的高下，甚至对错。新媒体的受众侧，由盲目到麻木成为倦怠的一种特性。韩炳哲说，"如今，我们痴迷于数字媒体，却不能对痴迷的结果做出全面的判断。这种盲目，以及与之相伴的麻木构成了当下的危机。"这种麻木是数字技术造成的，推送给我的信息都是我喜欢的，投其所好，久而久之的"投喂"造成人的感官麻木。

数字化社会赋予个人权力，每个人对信息拥有选择权，不喜欢的可以随时划过和翻页，天长日久，海量信息造成了人的精神倦怠，日复一日地与机器对抗，与海量信息对抗，结果是以人败给机器而告终。

社交媒体本质不是媒体，而是交互和社交。2013 年，美国《纽约时报》网站点击量最高的 10 篇文章包括 4 篇新闻、3 篇健康知识、1 段述评、2 篇名人专栏和 1 个互动程序。其中，点击量最高的，是2013 年 12 月 21 日才公布的互动程序——一款通过说话方式（方言）判断出生地的小测验，它是以"形式"的创新而诞生的新"内容"。它提供了一个"生动"的平台，设计了一个"内容"的范畴，把更多的"内容"交由亿万受众去创作。这是"交互"与"社交"这一本质的鲜明体现。在韩炳哲看来，数字媒体消除了所有信息传教士，广泛的去媒体化终结了代言的时代，而企业还未完全放下"传教士"和"代言者"的角色认知。今天，任何一种媒体，任何一位价值传播者，不是被对手淘汰，而是被时代淘汰。多元、自有、数字化、无边界是数字媒体时代的基本特征。数字媒体也可能随时黯然失色，传统媒体有可能老树新枝。在2010年到2015年微信公众号黄金时期，没有多少人能料到，它日后的"日活量"在"后浪"面前几无优势。更让人无法料想的是，广播这一传统的媒体（当然，广播也已不是传统意义上的广播，而是被数字化技术所支持和放飞的广播），会在今天，基于大城市堵车的高发和健身、徒步等或为更普遍的时尚，重新收获"受众群"。

这里既有报纸、杂志、广播、电视、网站等传统媒体早已被数字化技术重新赋能和全副武装的问题，这些传统媒体早已不是传统意义的内涵；也有媒体在数字社会条件下，焕发出作为麦克卢汉所说的"一种媒介是另一种媒介的内容"的本真面目，被数字化同构；还有传统媒体也许过去从未真正了解、理解读者、观众需求的问题。新媒体从降生那一刻开始，因数字化而被量化，一切显而易见，时刻研究受众心理和需求。换言之，媒体从未如此深刻地接近受众的内心深处。2018 年 8 月 26 日，南方电网深圳供电局的官微发布原创短片《变革者》^①，引发围观和评论，当即成为深圳微博热门话题前十，当天观看量超千万。企业媒体，用心甄选好价值导向的角度，以受众的视角体验，用心挖掘好受众的身边人，换来的是众多企业内部"变革者"的共鸣。

① 南方电网公司宣传部、深圳供电局制作的原创短片《变革者》以深圳特区 38 岁生日为契机，在深圳供电微博首先推出。

价值传播的一个本质特征，是对受众时间和空间的分割。就数字媒体而言，对时间和空间的尺度把握是生存修炼和终极考验。《变革者》发布的时间，选在深圳特区 38 岁生日之际，深圳与南方电网同场共鸣、同频共振的精神，让一部短片的价值导向陡然升华。节点的背后是情绪，地域的背后是人群。在某一时间和地点，聚焦某一类特定人群，发布相应的内容，就是企业媒体对"话语权"的合理使用，体现的是"在地性"。看似一个简单的发布，却有着蓄谋已久的思维响应。

融媒体是互联网技术升级带来的媒体生产方式的

变革。美国西北大学教授里奇戈登认为，媒体融合包括了"媒体科技融合、媒体所有权融合、媒体战术性联合、媒介组织结构性融合、新闻采访技能融合和新闻叙事形式融合"。数字社会让每个人都平起平坐，信息获取变得平等，社会呈现价值追求的多元，而融媒体恰恰满足了数字社会的这种内在需求。《变革者》发布，众多媒体联动，包括专业媒体的现象研究，走过了从有节奏、有层次主动融媒策划发布，到无边界、无终止多维传播、长效传播的"蝴蝶效应"。《变革者》的王者风范，在数字社会融媒体时代，实现了自我快捷整合各方资源，形成内外、上下的大联合。

数字社会媒体的新变化，在于数字技术的引入，作为一种观念、资源和方式，它改变的不是信息或内容，而是传播信息的方式和渠道，即人与人、人与物、人与世界沟通、交流的方式。这种改变，促使我们每一个人成为信息。如此，技术、媒介、内容和人形成一个整体和环境，其中任何一个要素的改变，环境和这个子系统都会改变。麦克卢汉的名言是："电子技术使人相互依存的新局面以地球村的现象重新塑造世界"①。从这个角度审视，现代企业媒体的最终形态，将形成"数字技术＋平台＋人＋内容＋媒体"的复合体，以"复合媒团"的形态存在，这或将是数字媒体的终极变化。

① 马歇尔·麦克卢汉.理解媒介—论人的延伸[M].南京：译林出版社，2019: 21.

　　"复合媒团"作为数字媒体形态，既是一种物质形态，它的边界是灵活的，可以随时间、空间变化组合重构；它更是一种社会形态，一次采集、多元生产、多维传播是它的底层逻辑，制造一个"场"和"生态"，发动各种、各类、各级资源轮番影响受众，从不同角度扩大媒体传播效力，立体化地构建新型、完整的权力体系才是它的本质。传统思维局限于单一消费型思维——由少数生产者创造内容，然后由众多消费者消费。新型的"复合媒团"，彻底抛弃传统单一的消费观念，变成一种生产型思维，内容的产生不仅由传统媒体进行，众多用户在消费的同时也产生内容，这是一种以用户为核心的生产型、生态型思维。评论区点赞选年度新闻这种从未听过的形式，这让国家电投集团年度十大新闻评选的微信点击量，比上年多了 4.5 万人次，表面看是增强员工参与感，本质上是将评选权力交给员工。企业媒体话语权，是在与员工对话和交流中实现的，这是社交媒体的天赋——社交。《变革者》被网友纷纷转发、热议、点赞，30 余家社会自媒体转载，留言 10 万余条，也得益于编者的开放式思维和即时性互动交流。

人在数字技术加持下，成为媒体生产力的第一要素。在短视频的世界里，越是精心打造，对价值观的传播格外重视，往往不大受欢迎；越是没有剧本，看似随意，来自生活现场，往往越受欢迎。短视频镜头后的操作者即生产者，作为人的天性被自由的释放与展现，与作为受众的人自然地形成了联合，因为他们本来就是一群人，生活工作中普普通通、有血有肉的一群鲜活的人。数字技术越发达，尤其是"人机合一"的普遍性与大众化，人的作用也就越凸显。生产者与消费者合一，人与机器合一，媒体与人合一，内容与人合一，人与技术、机器（平台）、内容、媒体等合而为一，人既是"复合媒团"的要素之一，又是"复合媒团"的灵魂。

员工既是媒体，又是内容。在这场深刻变革中，员工不仅作为媒体出现，他还是内容的一部分，这彻底改变企业媒体传播规律和话语体系。着眼传播内容、提炼主题、制造语境、赋予价值，还要充分考虑作为主体的员工内心需求，和他们自我加工和再传播的能力，投其所好，响应员工需求。

企业家是企业中最具权威性和象征性的员工，是信息最大的汇聚者和使用者。企业家属于公众人物，有社会影响力，一言一行引起社会关注与反响，他的传播力往往远大于员工，因而企业家是企业品牌及其产品天然的代言人。董明珠为格力空调代言，除了独具一格的营销策略外，企业家的个人魅力更让人信任。一向低调、远离麦克风、聚光灯和镜头的任正非，面对美国封杀和孟晚舟事件①，主动向全球 3000 名记者敞开大门，短时间内密集接受了 45 场媒体采访。系列访谈影响究竟有多大，任正非自己说，经过一年多的媒体采访后，海外

① 孟晚舟，任正非之女，现任华为副董事长、首席财务官。2018年12月1日，加拿大应美国当局要求逮捕了孟晚舟；经中国政府不懈努力，2021年9月24日，孟晚舟乘坐中国政府包机离开加拿大，9月25日，孟晚舟返回祖国，10月25孟晚舟回到华为上班。

媒体针对华为的天已经从"黑色"变成"深灰",甚至变成了"浅灰",从原来超过90%都是负面报道,到现在的27%是正面报道,或者将来超过30%是正面报道。华为公司为此编印了厚厚8卷本《采访实录》,以8种不同语言在官网上发布。危急时刻,华为把企业家、内部媒体、外部媒体作为完整资源协同整合起来,打了一场舆论战、攻心战,化被动为主动,化危为机,最后转变成华为和任正非一次世界性的品牌宣传和低成本的品牌营销。

今天,在流畅、跌宕、共情的基础上,仍然呈现内容为王、思想为王、价值为王的趋势。面对媒体,任正非不纠缠具体瓜葛,阐述自己的价值理念,谈处世之道,说华为的经营之道,讲对美国政府和美国企业的基本看法。华为的确定性,除自身实力的强大,重要的是面对媒体、运用媒体时,给出自己的逻辑和价值判断,给出企业自身的价值观。任正非讲的是真心话,阐述的是客观认知,是一种自有的主观认知和道义逻辑,并将其转化为对不确定性社会的自我认知和价值判断。他没有跟着媒体语义和价值走，而是让媒体跟着他的价值判断和价值体系走。

价值传播越枯燥，媒体内容呈现应越生动。真诚的表述，恰当的新意，精心的全过程设计，良性的融媒体联动，会让企业媒体的话语宁静而繁华。企业媒体的逻辑自有魅力，一份内部报纸头版放什么，头条发什么，排版中即有价值的导向，即见话语的权力。

数字社会是功绩社会，"功绩社会的倦怠感是一种孤独的疲惫，造成了彼此孤立和疏离"。对于这种导致分裂的倦怠感和孤独，韩炳哲认为，"它们是一种暴力，由于它们摧毁了一切共同体、集体和亲密关系，甚至摧毁了语言本身。"① 他援引作家彼得·汉德克的话诠释，这种倦怠感使人变得失去

① 韩炳哲.倦怠社会[M].北京：中信出版集团，2019: 55.

观看的能力，陷入沉默，耗尽了我们的语言能力和心灵。"尽管过劳症式的疲倦是积极的，它却剥夺了我们做事的能力"。在"分裂"的反向，彼得·汉德克提出倦怠的另一种状态即"亲近世界的倦怠"——这是"根本性倦怠"——由"更为丰富的弱化的自我"而导致的"他

者同时成为我"，最终"没有任何人或事物占据统治或主导地位"。这种倦怠的现实反映，包括宽心与随便、放松与嬉戏、无视与不争，人与人之间和和气气，实际上是每个人失去斗志的表现。韩炳哲评论这种倦怠的"每一种形态都是缓慢的，都是绕道而行"，"激发灵感的疲倦则是一种消极的倦怠，即无为"。面对"积极"的倦怠，媒体是破解员工间彼此"孤立和疏离"的利器。企业文化导向的就是在共同价值观指引下形成"共同体、集体和亲密关系"。媒体展示企业的日新月异，给员工一种获知的循环，提供思辨、表述和展示的机制，让员工找回观看的欲望与能力而不再陷入沉默，从众多声音的争鸣中促成一种认同与共鸣，把孤立的"我"救赎成为"我们"，最终促成企业的内生合力。

面对"消极"的倦怠，媒体的振奋与牵引功能，是一种刺激和激励。它让曝光的人们得到某种形式的现实的获益或失利，从而将员工们从"消极的倦怠"中，从"无为"中拯救出来。

话语即权力。福柯说，"这个世界归根到底是语言的世界，谁拥有了话语权谁就能主导这个世界。"媒体是话语的媒介与载体，是传播的最基本的途径，它作为价值容器与发声机器，使话语广而播之，产生影响力。谁掌握了媒体，谁就掌握了话语权。企业媒体本是实施思想治理的常规武器和长效平台，相对于奖励、升降、惩罚、禁令、淘汰等管理方法，话语权本身是一种软性的权力，是以传播和扩散的方式发生效力的。麦克卢汉说，"铁路的作用，并不是把运动、运输、轮子或道路引入人类社会，而是加速并扩大人们过去的功能，创造新型的城市、新型的工作和新型的休闲。"[①] 媒介及其所含有的一切技术都是身体、精神力量和速度的延伸，即任何媒介施加的最强大的影响就是改变人的关系与活动，使其

① 马歇尔·麦克卢汉.理解媒介—论人的延伸[M].南京：译林出版社，2019：18.

形态、规模和速度发生变化。麦克卢汉 60 年前的观点，今天似乎刚刚生发出茁壮的枝杈，在数字化技术的催生下熠熠生辉。

全 品 企 模 流 声 图 倾 平 常 真

员 业 块

载 媒

体 牌 体 化 量 音 像 听 视 识 诚

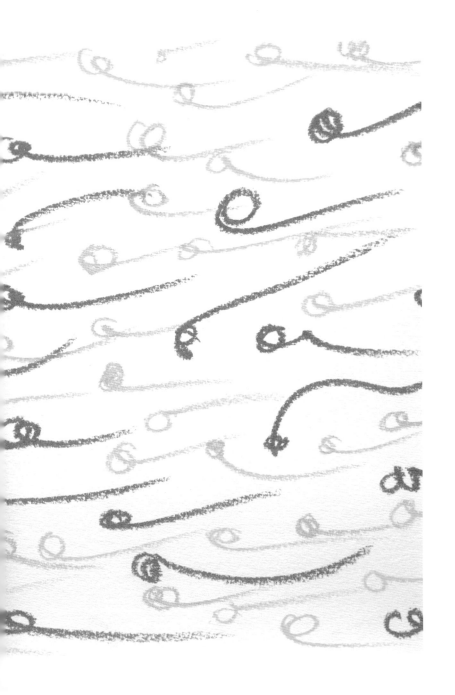

品　牌

无论是在商业领域还是在价值传播领域，品牌作为对一个企业及其产品、售后服务、文化价值的一种评价和认知，标志着一种信任。可口可乐前董事长伍德鲁夫说："假如我的工厂被大火毁灭，假如遭遇世界金融风暴，但只要有可口可乐的品牌，第二天我又将重新站起。"

然而在数字化时代，"全景监控"和"透明社会"打破信任范式，社交媒体和搜索引擎建立起一个消除"外界"的绝对的"近距离空间"，人们沉浸在"群中"，洋溢着对"透明"的热情。我们身处卢梭所言的理想房子中——"无论里面发生什么，都能被看到"。结果道德约束作用下降，社会依赖监控。恰恰因为信任的缺失，人们对"透明"的呼求声反而愈发响亮。透明社会是一个不信任的、怀疑的社会，对透明的大声呼求表明，社会生活仅靠道德维系是不够的，在现实生活中急需从道德层面跃升为生活层面，构建刚性制度约束。

许多人认为品牌只是一门关于创意的学问，但品牌不止于创意。创意作品是表达为先，里面带有某种思想、某种观点、某种情绪，目的是为获得认知。《一席》经常有弹幕夸奖嘉宾"讲得真好！太认同了！"，是典型的表达赞许。企业价值传播，品牌诉求不止步于表达，而是引发或促成员工在理念、价值观等精神层面的统一认知。数字社会背景下，价值传播不得不把品牌回归为一种媒介，让品牌能够在产品联系之外的其他方面与受众产生深度关联。

品牌作为价值传播的一种媒介，在我们日常生活中被忽视或遗忘，而仅仅看作是市场营销的一种外在手段，忘记品牌作为媒介的本质内涵。品牌投放到市场和员工中，就如扔一块石头于湖中，石头的重量、大小和其规则程度，都是形成入水后巨大浪花和涟漪的主因，即品牌作为媒介形式和叙述语言，外化形成一圈一圈的语言波浪让员工和顾客置身其中，让他们浸入观察事态的运行，体察个中的演变。伊尼斯[1]认为，传播的信息对知识的时空传播产生强大的影响。由此麦克卢汉抓住伊尼斯这个思想的火花，给出他的理解：媒介是人体和心灵的技术延伸，任何技术都是媒介。这种延伸已超出我们日常关于新闻媒介和信息媒介的定义，是一个广义的定义，是一个泛指。特殊性一定寓于一般性之中。这种包括品牌在内的媒介具有的巨大力量，在于媒介构成了我们经验世界变革的动因，构成了我们互动关系变化的动因，构成了我们如何使用感知的动因。品牌语言获得了巨大的视觉偏向，在社会组织和企业组织中产生影响，直至未来。

[1] 哈罗德·伊尼斯（Harold Adams Innis, 1894—1952），多伦多大学教授，加拿大经济史学家、传播学家、媒介环境学派奠基人，著有《帝国与传播》《传播的偏向》等。

　　数字社会出现的同质化趋势，品牌自然也不能幸免。文化的同质化代表着文化的贫乏，代表着创造精神的消亡，导致文化群体间的界限模糊。此时，兼具原创性、唯一性的价值传播品牌成为破解同质化恐怖的武器。品牌的核心是差异化，是颗粒鲜明的主张，是高度信任的认同感，是直抵员工内心、触及灵魂的媒介。埃森哲[1] 在一份预测报告中提到"立场经济"，品牌找准自己的立场、拥有自己的态度和价值观，会唤起用户的深度共鸣。所谓的"表达立场"，是指品牌作为媒介，对正向价值观的输出和引导。比如，NIKE 的"JUST DO IT"就向消费者传递了想做就做的洒脱态度，苹果经典广告"1984"则强调用产品改变人类命运的宏大愿景。那些能唤起共鸣的价值观，帮助企业锁定忠诚的员工、顾客。其实，品牌媒介在价值传播过程中，员工、顾客与品牌之间是相互塑造、相互构建的，我们创造了品牌，品牌同时也创造了我们。其间，品牌使双方或多方的人或事物发生联系，每个员工、每个顾客每时每刻都在使用价值品牌，这个过程中品牌一直作为媒介存在。

想出一句广告语或口号、拍摄一部短片、发布一组海报，再把想要传递的宣言融入其中，这些都是品牌表达立场的主流方式。只不过，随着传播环境和消费者的迭代，环境也对这些内容提出要求，相比那些"赤

[1] 埃森哲(Accenture)，1989年注册成立于爱尔兰，是全球最大的上市咨询公司。

裸裸"的口号，员工更喜欢从一次跨界联名、一次公益活动甚至是一次节目赞助中，感知品牌传递的价值观。在许多人看来，传递价值观是一个相当严肃的事情，但生活中也就是品牌与员工的一种日常沟通。在年轻群体中破圈，必须站在年轻人的立场，洞察他们的角度，选择他们喜欢的方式。

品牌是价值传播的旗帜和榜样。数字化时代给每位员工"当众发声"的机会，造就了社会上一批又一批"网红"，张同学、李子柒、樊登……每个人的背后都有千万拥趸追随，高度差异化的个人品牌，其个人影响力甚至可以重塑行业，个人影响力已成为传播品牌的重要一极。2022年4月15日崔健网络直播演唱会，4400多万人观看，1.17亿个点赞。不少歌迷重温了摇滚情怀，纷纷在朋友圈转发直播链接并评论："真材实料！听了他三十年，崔健，还是那个崔健。"

马斯洛^①说，人是生成性存在，自我实现是个体潜能的充分发挥。企业品牌传播已不是技术、产品、管理团队的单打

① 亚伯拉罕·马斯洛是美国著名社会心理学家，第三代心理学的开创者，提出了融合精神分析心理学和行为主义心理学的人本主义心理学，于其中融合了其美学思想。

独斗，而是在尊重人才、爱护人才的文化氛围中，发挥每个人的潜能，单个领域众多"长板"叠加后形成方阵，再由众多方阵形成品牌阵列。

企业价值传播的目的是传播价值，品牌吸引员工、客户的注意力，在这个嘈杂的世界里，给员工和客户以确定性。大量碎片化信息让员工专注力下降，员工们变得浮躁，没办法聚焦。碎片化信息损伤人们原有的逻辑体系，它会让你在原地打转，导致价值混乱。企业价值传播尽量避免这一切发生，努力打造精品价值品牌，刺激员工、吸引员工、凝聚员工，让员工在纷乱无序中找到属于自己的方向和秩序。联合利华营销学院院长汤姆布劳恩整理了世界知名哲学家关于品牌的看法，一个观点就是：品牌是思维方式的存在。2021 年欧洲杯期间，在对阵匈牙利的赛前新闻发布会上，C 罗将自己面前的可口可乐移开，随后立刻拿了一瓶水，对着镜头说："水，可口可乐……"，暗示自己只喝矿泉水。这个动作对可口可乐的品牌产生了巨大的负面影响，尤其是体现在股价上。可口可乐的市值从 2420 亿美元跌到了 2380 亿美元，损失达 40 亿美元。这揭示了品牌的本质：品牌是思维或者思维基础，即品牌首先是一种超级语言，是林林总总媒介的一种。正如维特根斯坦在《逻辑哲学论》中提到的"事实的逻辑图像就是思想"。品牌就是从信息接收的角度考虑信息的发送者，以一种非常形象的媒介和语言向社会公众展示企业的思想，它们使文学性的"标签"悄然无声了，带来一场传播者的革命。

对于品牌传播来说，品牌真正的力量体现在心智预售。在员工看到你之前，或者是打开手机想要阅览新闻之前，就已经想好了要选择你品牌的东西。换句话说，没有完成心智预售的表现形式就是漫无目的的随机浏览，而完成了心智预售的表现形式就是定向投送。更深一层次说，改变世界的不是信息或内容，而是传播信息的方式和渠道，即社会上人与人、人与物、人与世界间沟通的方式。品牌这种沟通方式，促使我们每个人成为信息，成为内容本身。

全 品 企 模 流 声 图 倾 平 常 真
　　业
　　　块
　　媒
体 牌 体 化 量 音 像 听 视 识 诚

雨中的 2020

全员载体

全员载体是将日常散落在各自岗位和生活中的员工汇聚在一起的聚拢者。它是正在举行集会的"广场"，员工在同一个时段聚焦到同一个主题，形成思想争鸣、认知重构与精神合流，实现组织观念、思维和行为的转变。在时代的推力下，企业、行业顺势转型，从巨大传统惯性中挣脱出来，生产力、生产关系都将做系统调整，涉及个人的岗位和利益，前提是全体员工思想观念达成共识或基本达成共识。全员载体会生发出组织需要的土壤和环境。

后工业革命时代，随着数字社会的来临，行业跨界、创新、融合纷纷上演，行业上下游的生态重新构建，企业定义与边界在突破和模糊，企业、企业家、企业管理、企业生产、营销模式、商业模式等被重新定义，这一切都需员工和企业家，包括每个企业和行业给出回答。后工业革命或称数字社会的形势，对于传统企业、传统行业尤为惨烈和残酷。这个特殊时间节点，谁"醒"得早、"醒"得快，谁能早迈出第一步，出手的措施及时有力，切中要害，顺应数字化时代，谁就有了生的机会和可能，就可能活下来或活得更好。这种"醒"，不是企业家一个人或几个人就能实现，要靠大家、靠全员共同努力"杀"出一条血路。全员载体是给全体员工讲述一个"共情"的故事，讲述一个企业如何重生的故事，故事的主人公不是别人，就是"我们"——每一位员工。通过全体员工精诚合作，解放自己的思想观念，"用自己的刀削自己的把"，最终一同跨过横亘在个体面前的那座大山。就企业而言，全员载体的运作发力不啻是一次重生。

数字社会通信的便捷与交流的即时，全员聚集比以往更为便利和低成本。也正因如此，反而变得越来越寡淡，全员聚集越来越难。网络世界的一个特征是人的粘合度变低——某个话题带来网民瞬时大量聚集，瞬时又转身逃离，人们很难理智、深邃、静心聚焦于客体，展开深入讨论。聚精会神越来越难，逃避规训、置身事外、主动顺从变得常见，思想广场的吸引力和理念思辨的积极性快速下降。海洋固然辽阔，可许多人更愿意、更容易生活在孤岛上。因为人们更愿意看到自己愿意看到的，也更容易不看自己不喜欢的。日久天长，会把自己所处的茧房和孤岛当作世界的本身。在天涯成为比邻的同时，比邻也成了天涯。

　　海德格尔把人的生存状态描述为"沉沦"，即每一个个体失去了存在的能力，置身于闲谈、好奇和两可的公众舆论之中，那里貌似穷尽一切可能性，实际没有给行动留下任何可能性。在韩炳哲看来，人们面对数字社会的困境在于：痴迷于数字媒体从而被重新编程，然而对于后果如何却陷入了盲目和麻木。在群中，每个人都是个人，每个人又都不是他自己。韩炳哲将数字社会的人们称为"数字居民"[①]，他们缺乏聚集的内向性，即一种可以把"他们"变成"我们"的特性。他们组成的是

① 韩炳哲.在群中——数字媒体时代的大众心理学[M].北京：中信出版集团，2019：62.

一种"汇集而不聚集"的特殊形式。全员载体作为把"他们"变为"我们"的利器，曾经是一种传统，现在鲜

为人们所认识和掌握。它被碎片化的传播和应急性的沟通取代，在功绩社会中丧失了功绩。

信息泛滥使我们迷失自我，视线和注意力被光怪陆离的网络世界吸引，对内容和载体越发挑剔，直至失去兴趣。作为发端，功绩社会越来越畏惧全员载体，也不会有效运用全员载体，全员载体蒙上厚厚的灰尘。如同春节，在现代化尤其是城市化进程中失去诸多仪式感，失掉年味和乡愁，日渐衰落成一个普通节日。全员载体的静默，使价值传播缺少了重要的仪式感和节奏感，与其说失去了一种必要的形式，不如说丢失了一种理念和态度。在数字社会里静观沉思，发现全员载体的全员性、象征性和思想性，人为的主观的思想观念改造与变革，作为针对企业组织顽症痼疾采取一揽子变革计划的前奏，愈发重要。

全员载体是一种特殊的存在，是人为设计的活动、形式或场景，具有思行的结合性、目标的鲜明性和全员的参与性。或者说，全员载体是一种可牵引深层变化、能导向全局价值的"关节"，是思想观念的一次总动员、总暴发、总清算。启动中国改革开放航船的真理标准大讨论，所造就的价值至今还在闪耀。《实践是检验真理的唯一标准》一文，与"两个凡是"针锋相对，1978年5月10日刊登在《理论动态》，第二天《光明日报》发表，随后新华社转发，一场有关真理标准问题的大讨论迅速在全社会展开。"大讨论"的关键在于把社会方方面面、角角落落的绝大多数人，都引入进来展开讨论与思辨，其外延是"全社会"，从而改变"全社会"对一个重要思想认识或思想观念的看法和思维的内涵。真理标准大讨论，便是"拨乱反正"的介质，是"打破精神枷锁"的滚雷，是"使我们的思想来个大解放"的全员载体，最终重新确立了实事求是的思想路线。全员载体的根本价值，是全员参与、全员受力、全员改变。

"'同情'（Sympathy）是斯密①的核心概念，同情发生在行为人与旁观者之间。'行为人—旁观者'的二元结构是其道德哲学的根基。"康子兴在《斯密的道

① 亚当·斯密（1723—1790），英国经济学家、哲学家、作家，经济学的主要创立者，著有《道德情操论》《国富论》。

德哲学戏剧》① 一文中如此讲到，他认为"行为人与旁观者之间的关系是最根本、最基础的社会、道德关系，体现了人的自然社会性。"他引用格瑞斯沃德② 的观点："'同情'是一组不对称的关系——在做与看之间，在行为人与旁观者之间。"全员载体的价值与任务恰恰在于——把员工从"旁观者"变为"行为人"，变为两者的合体。

全员载体的本质是将每一名员工作为载体，将人作为载体。人是社会的动物，如欲达成与"旁观者"的"同情"，"我"必须通过"他"来反观自己，并继而检视和调整自己的情感与行为表现。全员载体的"全员"，也需要借助"同情"的心理机制，基于换位思考，达到感同身受。"当行动者能够想象，一个无偏旁观者洞晓其处境，观看着他的行为，他就获得了自我反思的能力，也获得了'道德自我意识'。"① 当所有行为人都如此想象，便会形成"自我反思"集群，继而诱发某种"聚变"，形成基于"道德共同体"的"情感共同体"。

① 康子兴.斯密的道德哲学戏剧[J].读书. 2021, 6: 112.

② 查尔斯·格瑞斯沃德，美国学者，亚当·斯密研究专家，著有《亚当·斯密与启蒙德性》。

"共同体本身承载了道德，在具体的生活场景中，我们可以借助同情认知合宜的具体要求。这就好像一个剧院，排练好的戏剧正在上演，每个演员未必完全理解整个戏剧的内涵，但他们熟知具体场景下的台词与细节。众多具体而细小的场景、演员与观众的互动、舞台与剧场工作人员的配合才造就了一出完整的戏剧，也使剧场承载的目的、法则得到呈现。"[①] 在某种意义上，"全员载体"构建了企业的"剧场"，也成为沟通思想、观念、情感的舞台。每

① 康子兴.斯密的道德哲学戏剧[J].读书，2021，6: 112.

个员工都基于各自的岗位，以某一种角色或位置，表演、观看或审视着一场企业转型、变革的"大戏"，展开一种自我反思，从而更深度地理解这场转型或变革的主旨、效果与条件。员工在企业中，通过参与和反思来理解自己的角色，进而思考"戏剧"与"剧场"的结构。每个员工无法完整而确切地认知企业正在上演的"重生"，各有各的处境。但大家都是企业中人，必须与他人一起进行思想舞动、思考、分析和反思，才能呈现、诠释出企业重生的精神气质和普遍意义。全员载体构

建一个"剧场"，引导每一个人参与，让每一个员工成为"行为人"。员工参与的广度、程度，决定全员载体的效能与成色。

发动员工、组织员工，是全员载体的重要前提和基础。全员载体是组织力量的体现，也必须充分发挥组织的力量，包括政治组织、经济组织、企业组织、群团组织等，组织的原发动力尤为重要。企业价值传播和社会价值传播不同，企业具有特有的性质和内涵。企业是一个经济组织，终极目标是为社会创造价值，成为社会发展的引擎，企业组织的价值追求是企业价值传播背后那只"无形的手"。企业价值传播，关注的焦点往往在作品本身、传播的渠道、具体进程和环节等，把企业作为一个精密的权力体系给忽视掉了，有的甚至熟视无睹。每一种组织作用的发挥，都有一套在不断地完善过程中积累形成的"成熟"，这种"成熟"恰是组织区别于个体和具体的本质特征，且它本身并非组织不断自我变革的障碍。即便数字社会到来，组织的力量也不应被忽视。恰恰因为数字社会的到来，组织应该拥有更便捷的连接和更灵动的赋能，呈现出更强大的力量。这背后是组织权力的实施和传递，是组织权力的力量。

数字社会打破时间和空间对"场"的限制，打破文字、声音、图像、色彩、交流、论坛等各种形式的隔膜，为全员载体赋能。曾经，全员载体是有形的、集中的、面对面的。今天，全员载体是有形与无形并存、集中与发散兼具、线下与线上共有的。2020 年新冠肺炎疫情紧要时期，国家电投集团基于"视频会议＋直播平台"模式，创建"云上沙龙"网络平台，打造了一个既有形式又有内容的思想市场，用从下往上回流反馈的方式，让 13 万名员工都可以参与进来。全年 21 期沙龙，126 位嘉宾"云上"发言，35.8 万人次在线收听讨论，互动留言 8 万余条。"云上沙龙"在"云端"制造了一个面向全体员工开放的"场"，每一名员工根据自身关切，自主进入不同的主题，一同参与、思考和讨论：一个传统电力能源企业如何向绿色能源企业转型，向数字智慧能源企业转型。全员载体如同一个总开关，超脱性把员工思想的闸门拧开，让员工从日常工作中抽离，从线性惯性中超脱出来。全员载体创生在企业家的肩膀上。看企业家或企业家团队是怎么想的，怎么看待社会经济发展大势，怎么看一个行业的历史巨变，怎么看企业自身定位和未来前景，从中呕摸出主题主线和灵光乍现的象征，找到一种抓住人们想象力的"象征"，引发全体员工或绝大多数员工情感、思想的共鸣，由此形成有战斗力、号召力的主题，在企业的大地和天空燃烧，让新生命的种子生根发芽。全员载体是一个缓释的过程，却往往振聋发聩，起到立竿见影的思想启蒙作用，使某个陈年痼疾短时间内得以土崩瓦解。

全员载体的关键是自我打开、自我反思、自我批判、自我觉悟。意味着每个人都需把思维聚焦到一个问题上，在一个时段内朝向一个靶心万箭齐发，进行一场自下而上、由点到面、由"我"到"我们"的思想决战。由此，"他者"皆为"我辈"。这是一个企业"熵减"的过程，人人成为靶向治疗的药剂，汇聚起巨量的药效，以个体的自我内省和自新，实现组织的焕然一新。全员载体是思想的"手术刀"，须朝向最关键、最根本、最顽固的症结，针对企业生死攸关的转型时刻，实施"靶向治疗"。

　　主题的选择，既能带来智慧的火种，又必须深刻认识到此时此地企业严重的缺陷和深藏的问题。关键是深度挖掘企业家或企业家团队的态度和认知，把企业家的观点、方法、措施、步骤吃透弄清，从企业生产经营发展和纷繁复杂的日常琐细中跳跃出来，拓展出推动全员思想观念转变的有效载体，"Get"① 到企业和企业家的"痛点"。这个"痛点"找到了，企业转型发展、走出瓶颈的"总开关"也就找到了，企业面临的主要矛盾或矛盾的主要方面才会迎刃而解。这个"痛点"的寻找、确定、聚焦、提升，是价值传播者的终生功夫，某种程度上是其事业标志或职业地标，有的人终其一生也无缘一次这样的人生际遇，这种机遇或机缘可遇不可求。亚洲金融危机导致铁路客流、货源大幅

① 英语单词，主要用作名词、及物动词、不及物动词。作为及物动词时意为"使得，获得，受到，变成"。作为不及物动词时意为"成为，变得，到达"。

下滑，黑龙江省佳木斯市所属富锦市的农用拖拉机厂，每年生产 3 万辆农用四轮拖拉机，用铁路运输拖拉机数量仅剩 5%，危机之前是 95%。一篇内部参阅《富锦市农用拖拉机为什么走公路不走铁路》，引发哈尔滨铁路局上下强烈反响，先行在全局开展大讨论。半年后，哈尔滨铁路局主动转变观念、提高服务质量的做法，引起铁道部的高度关注，随即提出在全路开展"'富小拖'现象大讨论"，由此，中国铁路展开了第一次思想解放的大讨论。《人民铁道》报率先在头版开辟"佳木斯分局撕开观念的口子"专栏，连续 10 期刊发工作经验、图片和评论，引发全路思想观念的大讨论、大转变。全员载体的设计从大量现象中抽离出问题本质。主题自捕捉现象、概括提炼、聚焦命名开始，就能拨动心弦，击到问题要害，每位员工都能进入思想上、心理上的"战备"状态，所有参与的人能够自觉地触摸心口自问、共鸣、同行。连接大局与具体，击穿全体员工的情感、记忆和观念，打通所有工作的接口，恰是全员载体的终极价值所在。

全员载体甄选确定的主题要有"象征"意义，如同任何一个伟大的文学作品都能找到一个抓住人们想象力的"象征"一样。在影片《困在时间里的父亲》[①]里，年迈的父亲不断寻找他的那只手表，这里的手表便是一种"象征"。博尔赫斯[②]在《探讨别集》中讲道："实际上，克维多[③]比谁都不差，就是没有找到一种抓住人们的想象力的象征。荷马有普里阿摩斯，他亲吻了阿喀琉斯杀人的双手；索福克勒斯有一位会解谜的国王，而天意将解开他的命运的恐怖；卢克莱修有一个无限的星体之渊和原子的冲突；但丁有九层地狱和天堂的玫瑰；莎士比亚有暴力和音乐的世界；塞万提斯有桑丘和堂吉诃德风风雨雨的游历；斯威夫特有善良的马和野蛮的人形兽的共和国；梅尔维尔有白鲸的恨和爱；卡夫卡有层出不穷的肮脏的迷宫。没有一个世界闻名的作家不曾铸造一个象征物；需要提一下，这象征物不一定是客

① 《困在时间里的父亲》是佛罗莱恩·泽勒执导的电影，2021年6月在中国上映，讲述身患阿尔茨海默病的安东尼开始怀疑他所爱的人、他的思想，甚至现实的故事。

② 豪尔赫·路易斯·博尔赫斯(1899—1986)，男，阿根廷诗人、小说家、散文家兼翻译家，被誉为作家中的考古学家。所著《探讨别集》收录散文35篇，是博尔赫斯对他所读过的钟爱的书，对他钟爱的作家作出的个性化评论。

③ 引自克维多·比列加斯(1580—1645)，西班牙作家，著有小说《大骗子堂帕勃罗斯的生平》。

体的、外界的。"[1] 全员载体也一定会有一个这样的"象征"，真理标准大讨论、富小拖大讨论等都是如此。数字社会人心和情感产生了更大的疏离和隔阂，我们需要通过象征和象征主题的寻找、提炼、聚焦和升华，把全体员工在共同感兴趣、事关每个人利益和理想追求的"痛点"聚焦放大，点燃情感、观念和事业的火花，拉近员工与员工、员工与企业的心理距离、情感距离。好的全员载体，让价值观在其中发酵、释放和弥散，结合参与者们的思考与表达，汇聚众智，多次碰撞，多重显效，使价值有序而自由的"生长"。

全员载体是人的主观设计，把各种企业因缘际会整合在一起，对一个思想和观念的点发起总攻，表面上看是人为的引导。有了达尔文，我们知道生物的生活没有引导，完全是推动的，这是全员载体的深意所在。看似是外力的引导，实则是内力的推动。这与达拉特旗绿化如出一辙，绿化是顺其自然，而不是被人为主导。起初数年的绿化，春天抽地下水浇水种树，地下水位

[1] 博尔赫斯.探讨别集[M].王永年，黄锦炎，等译.上海：上海译文出版社，2019：54.

下降，农药灭虫，杀死了生态，人工种植的树木都死了。后来改为秋天种树，把树种在低洼的潮湿的沙地上，不去浇水，不去打药，用大自然的力量养树，大片的树木又活了。大自然生物进化启发我们，尊重人，尊重人性，按人性的内在规律顺其自然，以人性内在的推动力量为主，以人为的主导为辅。人的主观设计，重要的是唤醒自然的内在的推动力，唤醒人性的内在力量，唤醒人自己。

核心价值观

思想
使命　愿景　战略
治理
组织　管理　流程
人才　制度　工具

价值
传播
真诚　常识
平视　倾听
载体　模块　流量
图像　声音　品牌　媒体

企业
美学
模块美学
平滑美学　符号美学
场域美学　价值美学
色彩美学　LOGO美学　设计美学
记忆美学　环境美学　观念美学

企业思想治理体系

后记一

平行世界里的一把钥匙

这本小书写作近一年的时候，遇见《在野之学》。第一感觉是惊喜，是漫漫长路中碰到知音的惊喜。

30年一路走来，生命的际遇让我与企业有不解之缘，悠哉乐哉，凭着自己的兴趣爱好，实践、反思、总结，随心所欲，信马由缰。最近10年，才由点及面、由表及里进行系统的沉淀、梳理和架构，着眼时代方位下的企业文化，想提供一些鲜活的观念、方法和工具，用自己的逻辑推演、构架、表达，构建数字社会具有中国企业特点的企业文化体系。基本上，是在追求一种经验的、朴素的、真实的价值输出，根源是对企业生活的长期浸染、体察和追问，并无学术的初心。细细品读贺雪峰先生关于中国社会科学主体性这一主张时，惊喜地发现，我们自发、自觉走过的路和正在走的路，与华中乡土派的治学理念和方法不谋而合。准确地说，是我们的研究方法暗合了他倡导的饱和经验法，也就是贺雪峰先生总结提出的中国社会科学研究的方法论：大循环、经验质感和饱和经验法。这对于攀登在半山腰上的我们而言，不啻是一张意想不到的登山地图，让我们心生欢愉的同时，信心满满地坚定了去路。此时此刻，拿到了一把钥匙，打开了平行世界的大门。

写这本书的原初动因，是我们目睹世界的快速发展和企业的快速迭代，企业管理实践与时代同频共振，而企业管理理论尤其企业文化却始终停留在数字社会的门口，企业文化理论仍然停留在工业文明和信息文明的交界处，停留在20世纪80年代的理论框架内。糟糕的现实是：一方面，从事企业文化研究的人，细数企业文化理论和现实中的例证，如数家珍般滔滔不绝，可对现实企业实践中问题的解决和指导，总有一种隔靴搔痒的感觉，始终不能一箭中的地解决现实渴求。另一方面，现实中的企业管理者和企业文化工作者，面对纷繁复杂的企业管理实践日益渴求理论，可只能沉浸在旧有的企业文化理论之中，沉浸在轻车熟路的经验路径之中，不能自拔。屡屡看到将企业文化与战略融合、与管理融合等这类似是而非的观点，还在一些企业文化理论的皮毛中游戏。究其原因，实践大踏步向前发展了，企业管理实践的脚步已经走到21世纪20年代，可理论还是半个世纪前的理论，企业文化还是"三大体系""四大体系"，它已无法满足企业发展的需要，企业文化理论已无法支撑现代企业管理的实践。理论创新严重滞后于管理实践，企业文化理论的梳理、提炼、概括、总结与企业改革发展与经营管理的需求严重脱节，造成今天企业文化理论研究者的尴尬境地。

我们出发的始点是彼得·德鲁克，始于他的基本观点："管理是一种实践，管理要面对的是一个社会、一个人性的世界"。15年来，我们直接参与了3个中央企业文化样本的整体梳理、构建和实施，自始至终。国家电投集团企业文化建设获2018年度电力行业管理创新大奖，获中国企业家联合会2019年度全国优秀企业文化特等奖。迄今为止，陈海华在电力、房地产和文旅企业工作40年，我在铁道部（中国铁路总公司的前身）、地方国资委和中央企业工作30年，伊廷瑞、蒋昊宸、边心、刘毅、张阳也都在企业工作十数年，而且都与企业管理和企业文化有直接的关联，这是我们开展此项工作的前提。我经常和团队伙伴们讲，不要想着书是否畅销，市场如何，而是如何把数十年企业文化实践的体悟、认知和升华提炼萃取出来。我和昊宸说，把这15年企业美学实践概括提炼出来，就是一个伟大的胜利。总之，团队伙伴多年在企业直接从事企业文化管理工作，这是我们工作的底气和出发点，通过充分地观察经验对象，自然会获得关于经验背后一般规律的认识，这就是"饱和经验法"。可以说，我们与贺雪峰先生不谋而合，"理论提升源于对经验现实充分认识之后的自然而然的结果"。

"饱和经验法"是方法不是目的，是在广泛接触经验事实的过程中形成"经验质感"，即通过"饱和经验法"使得研究者能够获得"经验质感"，这是贺雪峰先生理论的一个突破点，也是他最重要的观点。对此，他概括为："经验质感就是透过现象看到本质的能力或敏感性，是经验研究中的直觉能力，是正确提出问题的能力，也是见微知著、还原现象的能力，是一种经过长期训练而获得的熟能生巧的能力，是一种身体本能。"可谓画龙点睛，又精彩之极，是他社会科学研究方法论中的神来之笔，将可意会不可言传转换成言之凿凿的"言"，即他的观点。并进一步明确，这种经验质感不同于每一个人在生活中形成的生活本能，"只有经过反思的和专门训练形成的经验质感才是发现问题、创新理论的能力。"现在回头看，我们这3本书的主要观点，几乎都来自"经验质感"的意外惊喜，它们在工作、读书、会间、演讲等不经意中，悄悄地不动声色地来到人世间。最早的雏形——"十二个关键词：精神的原因和结果才是锋利的刀刃"，是2015年国家电投集团企业文化骨干培训班的讲稿，那时的色彩、艺术、设计、平视、传统、参与、灵魂、场、企业家、团队、社会、生活12个关键词，与今天成书的3个体系已相去较远，但依然能看到最初的影子和基因。由此经过8年的演进、提炼、聚焦，最早成型《新沟通 企业文化传播观念》涵盖的12个关键词，其间围绕这个主题有10余次演讲，可见"经验质感"也不是一蹴而就，一下子把什么事情都想清楚的，也要有一个渐进的过程。"思想治理"这一概念的提出，是为中国企业文化研究会2016年深圳峰会准备演讲稿时灵光一现"冒"出来的，把它作为企业文化第5个阶段的一个浓缩和概括，我认为再适合不过了。"六个时序"来得也非常偶然，2019年参加年度电力奥斯卡，确定了"我们如何与这个时代说话"的演讲主题，准备好了演讲文稿和ppt，在去泸州的飞机上一觉醒来看讲稿，随手根据数字社会带来的深刻变化写出5个时序的名字，后来又补充了"读写时序"。更有戏剧性的是《在于美　企业文化落地工具》的框架，始终不大满意，但"经验质感"告诉我们它就在那里，是一套完整的体系，这一点我非常坚信。一年后的某一天，正值国家电投第二次"一公里"企业年度展开展，我在读一本关于美学的书，不经意在扉页写下：模块美学、平滑美学、符号美学、场域美学、价值美学、色彩美学、LOGO美学、设计美学、记忆美学、环境美学，过去一年的迷雾瞬间阳光明媚。回望曲曲折折的来路，"经验质感"成了连接经验与理论、生活世界与观念世界最直接的通道，在数十年企业文化工作浸泡中由此如鱼得水，让我们获得了一种直觉、反思和觉悟的能力，从工作经验直接升华为理论。我们是"经验质感"的直接获益者，今天大梦初醒。

当然"经验质感"的前提，也就是"饱和经验法"，在贺雪峰先生的工具箱里有三条原则：不预设问题，大进大出、总体把握，关键在于重复。我在央企工作己15年，团队无论人多人少，各个业务板块一直是打通的，以项目制组建工作团队，采取1+1+N的模式，一个部门主任，一个项目经理(处长)，若干成员。项目实施过程中，每个人思考解决的问题都是各不相同的。这样数十年下来，每个人既有对案例经验的深刻理解，又有对企业文化工作完整经验过程的感觉和把握，由此很容易形成经验质感。最有意思的是，期间每一个成员一而再、再而三地参与实施一个主题项目，好声音、好故事、新春和会、"一公里"年度展等文化项目都是数年连续进行。比如，《和》杂志办了13年，出了157期。将时间连贯起来，对于一个团队而言，就企业文化我们从来没有预设问题，而是一个项目一个项目实践、实践再实践，总体把握、总体考量，去粗取精、去伪存真，蓦然回首，我们恍然大悟。

这一次集体创作，我们采用的也类似于贺雪峰先生经验质感的具体方法，即"多点调查、区域比较""集体调查、现场研讨""不分专题、全面调查"。我们7个人组成研究团队，用"1+N+1"集体研修的方法，从2020年2月4日始，每个周末拿出一两个小时时间，密涅瓦的猫头鹰在云端起飞。每次聚焦一个方面内容，一位小伙伴作主题发言，其他人自由表达见解，最后由我来点评总结。一期一题，我们在畅所欲言中碰撞思想，离地三尺、俯瞰大地，交换经验、切换视角、遇见"他者"，保持经验的敏感兴奋，实现经验的共享、倍增。贺雪峰先生说，"集体调研是形成经验质感的最好办法"，同时他申明"经验质感的形成不是从调查结果来总成而是在调查过程中慢慢积累起来的。"我们的体会是，经验质感不是从企业文化实践结果中来总成，而是在企业文化实践过程中慢慢积累起来的，我们的数字社会企业文化研究项目，类似贺雪峰先生的农村调查，两者有异曲同工之妙，最终都是经验累积和长期浸泡、长期反思。

人类学家项飙说，"所谓知识就是对世界上发生了什么事有根有据地了解，从这里开始，去观察，去沉淀，慢慢沉淀出底气。"改革开放40多年，中国社会快速发展和变迁，提供了独一无二的中国速度和日新月异的中国样本。这些活生生的中国经验，颠覆了西方主流社会科学现有的各种解释模式与理论模型。过去30多年间，我们从企业、企业文化这个中观视角观察时代、解释时代。在企业管理实践的长期浸润中，反复穿梭在经验和理论之间，尝试去回答几个问题：我们所处的这个时代，究竟是一个怎样的时代？在不确定成为显性特征的当下，企业如何获得确定？中国企业新的秩序、新的活力从哪里涌现？在秩序形成的过程中，文化何为，何为文化？

这3本小书，脱胎于实践经验，是行动之后的思考，经验之后的提升。在现实的企业管理工作中，我们越来越体悟到，企业管理理论全部源自企业生产生活，遵循实践、理论再到实践的跃升逻辑，即实践—理论—实践这个"大循环"。我们始终坚持经验质感，提供视角、制造概念，将大量企业管理中的时代火花、闪光思想和经验做法，从文化视野纳入大时代的生活逻辑，推演出有中国特色的企业文化体系——企业思想治理体系、企业文化传播体系和企业文化落地工具体系。企业思想治理体系讲企业文化的基石、原点和理念，奠定大的逻辑；企业文化传播体系讲传播的观念、价值和方法，提供中观视角；企业文化落地工具体系讲企业美学的规律、原则和工具，形成美学目视化的微观模块。无论逻辑、视角还是模块，坚持从A、B、C这些基本问题谈起，瞄准一个点打竖井、深挖井，试图打开一些当下还没有人或很少有人进入的领域、思考的维度和探究的方向，一则为企业文化理论贡献中国人的智慧，二则更为大胆地期盼，可作为当代中国企业文化研究探路。

正所谓"书读百遍其义自见"，获取"饱和经验"离不开大量的经典阅读。2年来，每周拿出一些时间，静下心来集体研读海德格尔、福柯、许倬云、李泽厚、埃德加·沙因、韩炳哲等大家著作，分享交流科学、哲学、历史、文化、文学、艺术、管理等多元内容，积累知识，打开视野。我们坚持自主阅读，一字一句读原著，反复咂摸体会，在不那么轻松的思考过程中日积月累，养成理性思维习惯，提高逻辑思维能力。我常和伙伴们说：写文章不是目的，学会独立思考、独立判断、构建起内心的秩序来应对外部世界的不确定性，才是第一位的。值得欣慰的是，在成稿的过程中，我们每个人都往前走了一大步，得到了不少新的东西，有的人甚至实现了质的提升，发现了全新的自我。如此讲来，这3本小书已成为我们生命旅途中深深浅浅的脚印。

诗人里尔克说："请你走向内心。探索那叫你写的缘由，考察它的根是不是盘在你心的深处。"在这个喧嚣浮躁的时代，在这个写作可以贩卖套路的时代，我们走向内心，写那些不吐不快的想法，让每一个文字自然流淌。

荆玉成

2021年冬

后记二

慢慢生活

当下，正经历百年未有之大变局。变化成了这个时代唯一不变的真理，楼下原本只卖啤酒、香烟的小店，摇身一变成了24小时全品类便利超市。

崔健唱到"不是我不明白，这世界变化快"，这成了我们的写照。有些事、有的人，常常让你无所适从：走路带风与时间赛跑，工作时间延长，退休年龄延长，放开二孩，5G运用，无人超市，自动驾驶等，仿佛我们稍慢半步，就可能被世界抛在后头。不知从什么时候开始，我们内心跟随快速变化的时代一同起起伏伏、喧嚣、烦躁、迷茫，以至怀疑努力的意义。

参与本书创作的整个过程，让我们有幸在喧嚣世界里找到安静的一隅，快节奏工作生活之余，重新认认真真审视自我。记得2020年立春那一天，第一次参加团队沙龙讨论，在不长的52分钟时间里，每个人都从不同维度、不同视域讲述自己的观点，我们不约而同感受理性的魅力，那是一种拨云见日般的透彻与澄明，那是一种应对不确定性的智慧和定力，那也是一次以慢治快、构建内心秩序的修行及践悟。

三年来，我们学会了沉淀、反思和提升，反复尝试跳出当下、跳出自我，审视当下、审视自我。此时，与过去长期匮乏逻辑相对应的是过剩逻辑：信息每天都以"饱和攻击"嵌入生活，过量的"肯定性"和"同质化"充斥周围，信息唾手可得，而我们更喜欢毫无知觉地快速"吞咽"，将慢慢"品味"抛弃，生活在一次次复制粘贴中被加速，无暇思考的我们变得人云亦云。

世界有世界的逻辑，生活有生活的道理。我们无法改变世界的进程，也改变不了楼下超市到底想卖什么，唯一能做的是改变自己。在这个一日千里的时代里，努力锤炼独立思考和独立判断的能力，面对海量信息努力看清事物的本质和背后的逻辑。

走过岁月，方知从容是一种成长；走过生活，方知平静是一种强大。闲看庭前花开花落，漫随天外云卷云舒，这何尝不是一种以不变应万变的生存智慧。慢慢生活，慢慢品味，慢慢感受理性的光芒。"唯有我们觉醒之际，天才会破晓。"

伊廷瑞　张阳

2022年初冬

图书在版编目（CIP）数据

新沟通：企业文化传播观念 / 荆玉成，伊廷瑞，张阳著 . —北京：中国城市出版社，2022.10
（数字社会企业文化三部曲）
ISBN 978-7-5074-3556-6

Ⅰ . ①新… Ⅱ . ①荆…②伊…③张… Ⅲ . ①数字技术 - 应用 - 企业文化 - 文化传播 - 研究 - 中国 Ⅳ . ① F279.23

中国版本图书馆 CIP 数据核字（2022）第 238402 号

责任编辑：聂　伟　高延伟　陈　桦　杨　琪
书籍设计：康　羽
责任校对：李美娜
绘　　画：荆玉成
绘画拍照：王泽浩
本书字体采用仓耳屏显字库。

数字社会企业文化三部曲
新沟通　企业文化传播观念
荆玉成　伊廷瑞　张　阳　著
＊
中国城市出版社出版、发行（北京海淀三里河路 9 号）
各地新华书店、建筑书店经销
北京雅盈中佳图文设计公司制版
北京雅昌艺术印刷有限公司印刷
＊
开本：880 毫米 ×1230 毫米　1/32　印张：$6^{7}/_{8}$　插页：2　字数：91 千字
2023 年 1 月第一版　2023 年 1 月第一次印刷
定价：**59.00** 元
ISBN 978-7-5074-3556-6
（904541）